ATLAS DES NOUVELLES FRACTURES SOCIALES EN FRANCE

Les classes moyennes oubliées et précarisées

Christophe Guilluy
Christophe Noyé

Cartographie : Dominique Ragu

Cet ouvrage est coédité avec le Mémorial de Caen

**Éditions Autrement
Collection Atlas/Monde**

AUTEURS

Christophe Guilluy, géographe consultant, est directeur du bureau d'études géographiques et urbaines MAPS. Observateur des nouvelles dynamiques sociales et urbaines, il a réalisé de nombreuses études pour d'importantes collectivités territoriales et est l'auteur de l'*Atlas des fractures françaises* (L'Harmattan, 2000).
Christophe Noyé, géographe, est travailleur indépendant pour le compte de collectivités locales, notamment sur l'intercommunalité et l'habitat privé. Il est aussi chargé de cours en géographie à Paris XII-Créteil.

CARTES ET INFOGRAPHIES

Dominique Ragu

MAQUETTE

Conception et réalisation : Edire

ÉDITIONS AUTREMENT

Direction : Henry Dougier
Coordination éditoriale : Laure Flavigny et Marie-Pierre Lajot

REMERCIEMENTS

Nous remercions François Boulle pour ses relectures attentives et critiques.

77, rue du Faubourg-Saint-Antoine - 75011 Paris
Tél. 01 44 73 80 00 - Fax 01 44 73 00 12 - www.autrement.com

ISBN 2-7467-0552-4
ISSN 1271-0151
Dépôt légal : septembre 2004
Imprimé et broché en France par Corlet imprimeur SA (France)
Achevé d'imprimer en octobre 2004

SOMMAIRE

Avertissement

Cet Atlas a été élaboré avec les données du recensement général de la population réalisé par l'Insee en 1999 (1990, 1982 et 1975 pour les évolutions). Néanmoins, pour certaines cartes et graphiques, d'autres fichiers ont été mobilisés : Chambre des notaires (2002), ministère de l'Équipement (2002), ministère de l'Intérieur pour les élections (2004), Ipsos (2002). Concernant les données du recensement, la date déjà relativement ancienne doit être mise en perspective. En effet, les dynamiques étudiées s'expriment sur des périodes longues et, de ce fait, l'écart à la date du recensement n'est pas significatif. D'autant que tous les indicateurs plus récents et, en particulier, l'évolution des prix du logement, confirment amplement les évolutions identifiées dans cet Atlas. Il convient également de rappeler que les données du prochain recensement ne seront probablement pas disponibles avant 2010.

Urbain, rural : question de définition

Centre-ville. Mot composé utilisé pour nommer les quartiers du centre de la ville. Il ne s'agit que d'une partie de la ville, qui se confond généralement avec le noyau historique. Le centre-ville ne couvre pas la totalité du territoire d'une commune.

Ville-centre. Mot composé pour désigner le centre à l'échelle de l'agglomération, c'est-à-dire d'un ensemble urbain formé de plusieurs communes. Dans ce cas, le terme de ville-centre désigne la commune la plus peuplée, généralement située au cœur de l'agglomération à laquelle elle a donné son nom. Par exemple, Lyon est la ville-centre de l'agglomération lyonnaise.

Centre. Terme plus générique, fréquemment employé dans cet Atlas, qui désigne ici la ville-centre et ses banlieues, définies au sens de l'Insee, c'est-à-dire les communes dont l'urbanisation est en continuité. Ce terme équivaut à l'expression plus technique de l'Insee : pôle urbain.

Périphérie. Le terme désigne les espaces qui entourent les villes. Cet espace se distingue des banlieues en raison de la non-continuité des espaces urbanisés. Son lien de dépendance à l'agglomération est identifié par l'Insee au travers des actifs travaillant dans le pôle urbain. Cette expression est synonyme du terme « périurbain » dans sa définition par l'Insee. Une aire urbaine est l'ensemble formé par la ville-centre, ses banlieues et le périurbain. Le terme est parfois complété par le qualificatif « rural » : il s'agit alors des campagnes situées autour d'une aire urbaine.

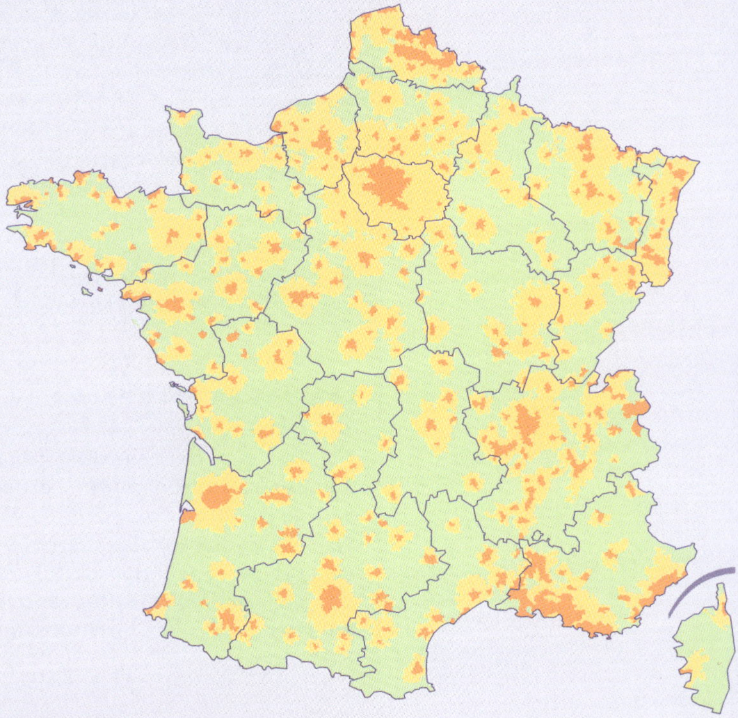

Espace à dominante urbaine

Pôle urbain : *ensemble de communes comptant au moins 5000 emplois et dont les espaces bâtis sont contigus. Il comprend la ville-centre : la plus peuplée du pôle urbain*

Périurbain : *communes dont au moins 40 % de la population active travaille dans un pôle urbain*

Espace à dominante rurale

Espace rural : *communes n'appartenant pas à l'espace urbain*

Source : Insee - RGP 1999 — Échelle communale

INTRODUCTION

Quelles sont les nouvelles fractures sociales ?

Pour répondre à cette question, il convient d'abord d'évacuer les idées fausses entretenues depuis près de vingt ans par le discours politique et relayées par la sphère médiatique. De l'intégration des jeunes issus de l'immigration à la crise des banlieues, le débat social privilégie l'approche culturelle, avec l'immigration, ou spatiale, avec les banlieues. Ces thématiques occultent la profonde recomposition sociale de l'ensemble des territoires.

Contrairement aux idées reçues, les fractures territoriales n'opposent pas les «quartiers difficiles» aux autres territoires, pas plus qu'elles ne séparent une minorité d'exclus d'une majorité de personnes bien intégrées. La réalité est tout autre : affaissement du modèle d'intégration sociale hérité des Trente Glorieuses, accentuation des inégalités au détriment des couches populaires, ouvriers et employés, toujours majoritaires. Ces mutations sociales sont d'autant plus violentes qu'elles se doublent d'une réorganisation des territoires à partir d'un modèle très ségrégatif. Des centres, ville-centres et banlieues denses, toujours plus embourgeoisés tendent ainsi à s'opposer à des périphéries urbaines et rurales accueillant un nombre croissant de couches populaires. Cette résurgence d'une séparation de classes est accentuée par un processus de séparation spatiale sans précédent depuis la révolution industrielle.

Cette situation est tout à fait nouvelle. Autrefois, les quartiers et banlieues populaires, relégués spatialement mais structurés politiquement autour du Parti communiste, étaient culturellement intégrés. Leur homogénéité sociale les inscrivait en opposition aux quartiers bourgeois, opposition déterminante pour leur intégration. Rien de tel aujourd'hui ! Les zones de la relégation spatiale sont, au contraire, celles de la désintégration des couches populaires. C'est sur ces territoires périphériques et aphones que se développe une véritable «contre-culture», face à des centres prescripteurs triomphants.

Le débat démocratique a toujours servi à l'expression, voire à la mise en scène de l'opposition de classes. Sourd et inconscient, le conflit d'aujourd'hui s'inscrit plus dans une logique de séparation de classes que d'affrontement. La participation toujours plus faible des couches populaires à la sphère publique et, notamment, aux élections atteste de cette profonde rupture.

LES AUTEURS

Avec la révolution industrielle, la ville classique, espace dense et souvent clos, a éclaté sous la double impulsion de la croissance démographique et du développement des transports urbains, en particulier les lignes ferroviaires qui deviendront les trains de banlieue. À partir des années 1970, le développement urbain s'est fait encore plus lâche et a associé à la ville des périphéries de plus en plus lointaines, des villages réinvestis par des travailleurs de la ville aux nouveaux lotissements de grande périphérie. Cet étalement dessine de nouveaux centres denses incluant les banlieues et de nouvelles périphéries de la ville associant espaces périurbains et ruraux.

L'ÉTALEMENT URBAIN

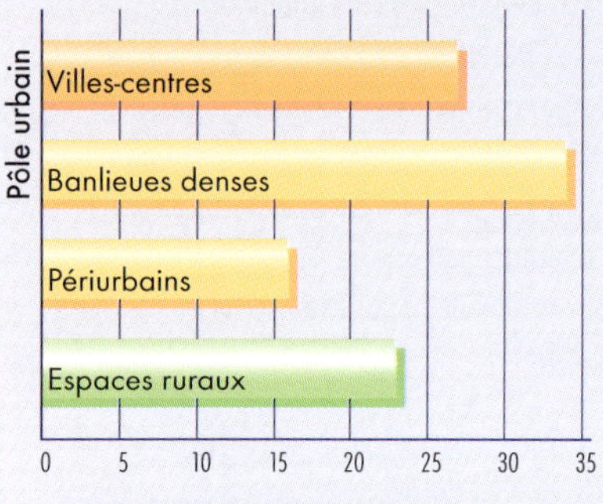

Source : Insee - RGP 1999

De nouvelles périphéries

Selon la nouvelle définition de l'Insee, plus de 75 % des Français vivent dans l'espace « sous dominante » urbaine. Mais les espaces urbains sont aujourd'hui divers.

Après l'apparition des banlieues ouvrières au XIXe siècle, complétées pendant la période des Trente Glorieuses par les grands ensembles, le développement des transports urbains et, en particulier, de l'automobile a généré, notamment à partir des années 1970, une dilution de l'espace urbain. Dans ces nouvelles périphéries urbaines qui ont succédé aux banlieues denses, habitat individuel et automobile constituent un couple indissociable.

Aujourd'hui, les trois quarts des Français vivent hors des villes-centres, plus du tiers dans les banlieues et un sur cinq dans des communes périurbaines. Cet étalement urbain entraîne un accroissement de la population des espaces ruraux les moins éloignés qui sont, de fait, de nouvelles périphéries de la ville.

De moins en moins de Français dans les villes

Les villes sont aujourd'hui cernées par une double auréole : les banlieues denses puis, au-delà, de vastes secteurs sous influence urbaine mais parfois encore ruraux : la couronne périurbaine ou « périphérie urbaine ». L'aire d'influence des villes-centres ne cesse de s'étendre pour atteindre jusqu'à plusieurs centaines de communes. Emblématique et exagérée, l'aire d'influence de Paris déborde les limites de l'Île-de-France et compte plus de 11 millions d'habitants sur plus de 1 500 communes. Au nord et sur la façade est de la France, plus urbanisée, les aires d'influence des villes entrent en contact pour former de vastes espaces sous domination urbaine.

ÉVOLUTION DÉMOGRAPHIQUE. Le mouvement de périurbanisation se poursuit avec une croissance démographique plus soutenue en périphérie de la ville alors que les centres stagnent. Mais la proportion de Français vivant dans les villes-centres ne cesse de régresser : un tiers au début des années 1980, un quart aujourd'hui. Le centre des villes enregistre une croissance inférieure à celle de la population totale ; les périphéries urbaines et rurales ont des taux de croissance deux fois supérieurs à celui de la population. Les espaces ruraux qui se sont dépeuplés depuis la révolution industrielle connaissent un renouveau démographique depuis 1990.

UN NOUVEAU TYPE D'ESPACE. L'opposition traditionnelle entre ville et campagne a cédé la place à une organisation du territoire plus complexe, dans laquelle sont imbriqués les marges périurbaines et les espaces ruraux.

Cette nouvelle organisation territoriale fait écho à la diffusion du mode de vie urbain au-delà des périmètres de la ville et à l'avènement de la civilisation urbaine.

CROISSANCE DES PÉRIPHÉRIES URBAINES

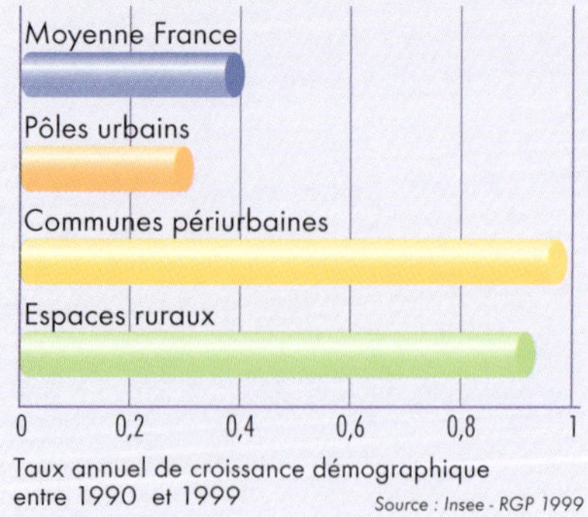

Source : Insee - RGP 1999

> ***La ville est à l'image de notre société et cette dernière, loin de construire l'harmonie, met en œuvre de redoutables mécanismes d'exclusion.***
>
> **ROGER QUILLIOT, ANCIEN MINISTRE CHARGÉ DU LOGEMENT, *LE MONDE*, 22 MARS 1991.**

LES EXTENSIONS PÉRIURBAINES

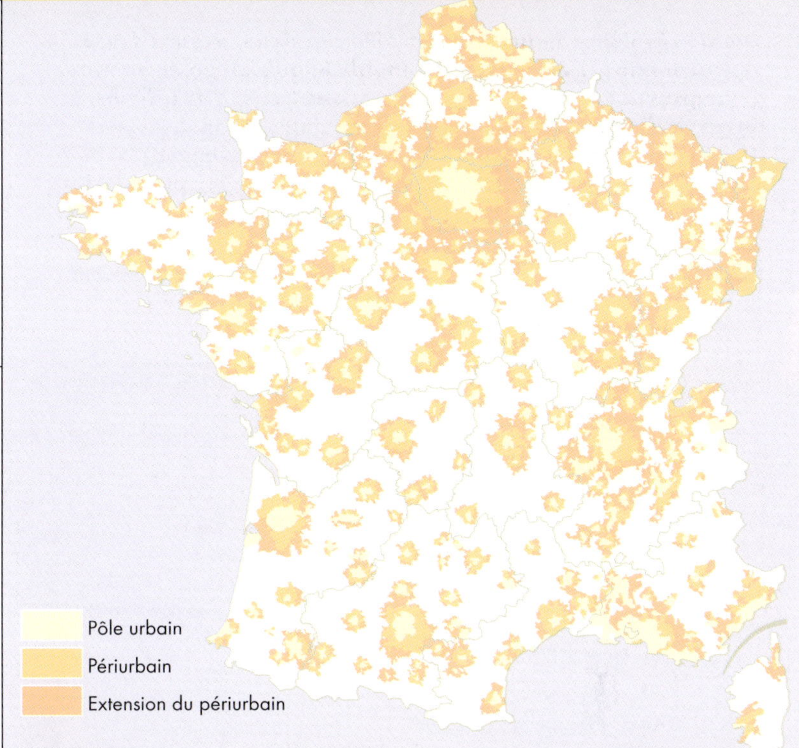

Source : Insee - RGP 1990 & 1999

LES MÉNAGES POSSÉDANT DEUX VOITURES

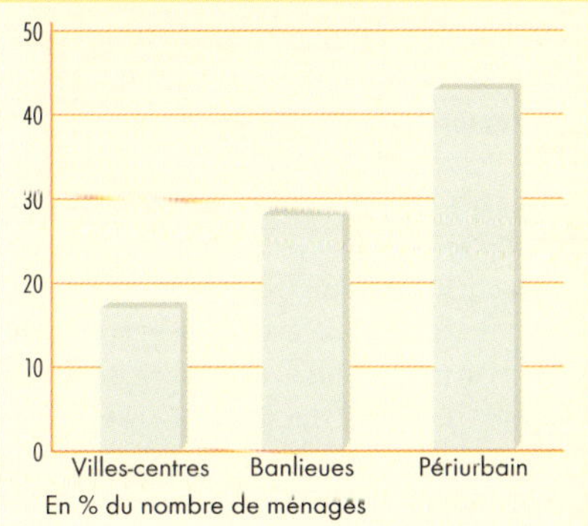

Source : Insee - RGP 1999

L'étalement des villes

Les secteurs périurbains accueillent 12,3 millions de Français en 1999, soit 3,4 millions de plus qu'en 1990 et ce phénomène concerne tout le territoire. La ville s'étale aussi bien dans des régions déjà urbanisées comme l'Alsace ou la Lorraine que dans les régions plus rurales comme la Bretagne. Contrairement aux idées reçues, l'aire urbaine parisienne poursuit son expansion sur les huit régions limitrophes.

Cette croissance démographique recouvre en fait deux mouvements différents. D'une part, l'augmentation de population dans les communes qui appartenaient déjà au périurbain en 1990. Ce mouvement de densification ne compte que pour 30 % de la croissance. D'autre part, le basculement de communes – et de leurs populations – du secteur rural au secteur urbain en raison de l'augmentation de la part des actifs travaillant dans le pôle urbain, indicateur permettant à l'Insee de définir les communes périurbaines. Cet élargissement représente 70 % de la croissance.

Ainsi le mode de croissance privilégié est l'étalement spatial plus que la densification, alors même que ces secteurs en marge des villes offrent de nombreux terrains encore vacants. Cela tient à la réticence des résidents au développement de l'habitat sur leur commune, qui tendrait à la rapprocher, dans sa forme, des banlieues denses qu'ils ont quittées et du risque de dérive sociale qui y est associé.

QUESTION DE DÉFINITION

L'aire urbaine selon l'Insee

À partir des résultats du recensement de 1990, l'Insee offre une nouvelle définition du monde urbain, tenant compte du développement de périphéries et des navettes quotidiennes qui en résultent entre le domicile et le lieu de travail. Pour autant, l'ancienne définition de l'«unité urbaine» n'a pas été abandonnée : c'est l'ensemble formé par des communes dont le tissu bâti est continu, c'est-à-dire pas plus de 200 mètres entre les constructions voisines de deux communes. Lorsqu'elle compte plus de 5 000 emplois, l'unité urbaine constitue un pôle urbain : le cœur d'une agglomération.

Autour de ce pôle, une couronne réunit les communes dont au moins 40 % des actifs travaillent dans le pôle urbain : ce sont les communes périurbaines. Lorsque plus de 40 % des actifs travaillent «en ville» mais sur plusieurs pôles urbains, les communes sont classées dans la catégorie «communes multipolarisées». Les autres communes constituent l'espace rural.

UNE FRANCE TOUJOURS POPULAIRE

Oubliées, les couches populaires, ouvriers et employés, n'en sont pas moins majoritaires et représentent près de 60 % de la population active, soit à peu près la même part qu'en 1954 ! La part des ouvriers a en effet baissé mais elle a été largement compensée par l'augmentation de celle des employés. Partageant sensiblement les mêmes conditions de travail, le même niveau de revenu, ces derniers font partie d'un ensemble socioculturel qui structure toujours la société française.

ÉVOLUTION DES CATÉGORIES SOCIOPROFESSIONNELLES

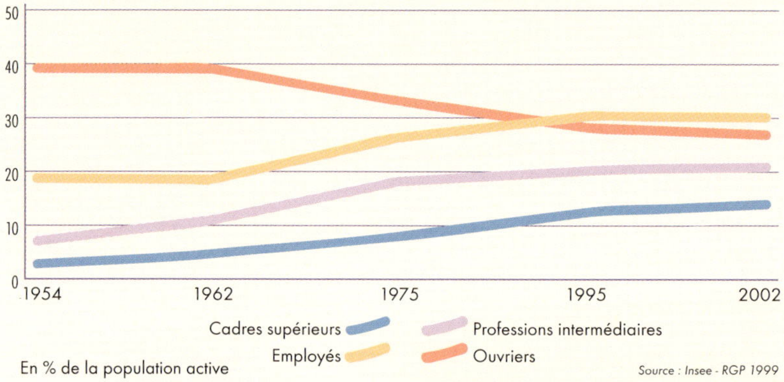

En % de la population active

Source : Insee - RGP 1999

> ***40 % des enfants sont élevés dans une famille où l'un des deux parents est ouvrier. La question ouvrière est donc tout sauf un reliquat de l'ère industrielle : elle demeure centrale.***
> **DANIEL COHEN, *LE MONDE*, 3 MAI 2002.**

DES CLASSES POPULAIRES STABLES ET MAJORITAIRES

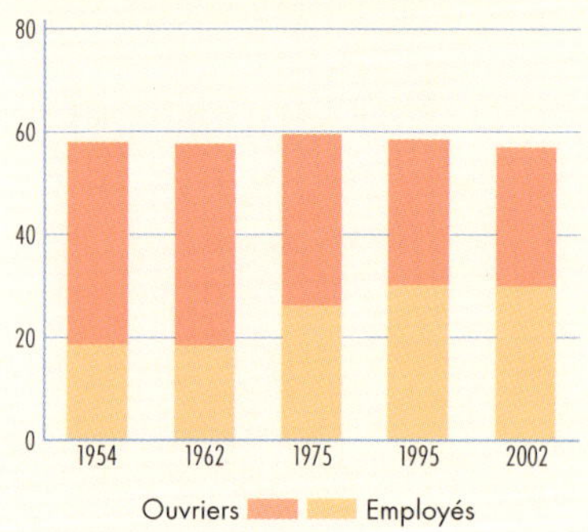

En % de la population active

Source : Insee - RGP 1999

Moins d'indépendants, plus de salariés, mais des classes populaires toujours majoritaires

Depuis 1954, la structure sociale de la population active française s'est profondément modifiée.

SALARIÉS ET NON-SALARIÉS. Les non-salariés sont d'abord les indépendants, exploitants agricoles et patrons de l'industrie et du commerce. Ils ont vu fondre leurs effectifs en raison des dynamiques de concentration tant des activités agricoles que du commerce avec l'émergence de la grande distribution. Ces catégories, qui représentaient près d'un tiers de la population active en 1954, comptent pour moins d'un actif sur dix aujourd'hui.

Les salariés, cadres supérieurs, professions intermédiaires et employés, ont fortement progressé, à l'exception des ouvriers qui, eux, ont régressé. Cette régression découle du développement des activités tertiaires mais aussi de l'automatisation des activités industrielles et du remplacement progressif des ouvriers par des robots.

LES CLASSES POPULAIRES. Les catégories modestes des employés et des ouvriers, qui constituent les classes populaires, sont aujourd'hui toujours majoritaires, avec près de 60 % de la population active, proportion stable depuis 1950. En revanche, le poids relatif entre ces deux groupes s'est rééquilibré en faveur des employés, désormais plus nombreux que les ouvriers. On compte encore néanmoins près de 7 millions d'ouvriers, soit à peu près le même nombre qu'en 1962, où l'on en comptait 7,5 millions. Si on ajoutait à ce total les 4 millions d'ouvriers retraités, on aboutirait au constat que le nombre d'ouvriers (actifs et retraités) est en fait plus important en 2002 qu'il ne l'était en 1950 ! Cette catégorie est pourtant absente des discours politiques, inexistante pour les médias. La classe ouvrière n'est même plus un sujet d'étude pour la recherche.

Du mythe de la classe moyenne à la résurgence d'un conflit de classes

La fin des classes moyennes. Pendant les Trente Glorieuses, l'accroissement du niveau de vie, le fléchissement de l'écart des salaires entre cadres et ouvriers, et les perspectives individuelles de promotion sociale portées par le développement des niveaux de qualification avaient créé les conditions de l'émergence de la classe moyenne. Cette mythique « classe moyenne » – et le processus d'homogénéisation sociale dont elle est porteuse – est aujourd'hui violemment remise en cause par deux décennies de chômage, de sous-emploi et surtout de blocage de l'ascenseur social.

Les employés précarisés. Premières victimes de ce décrochage : les classes populaires, ouvriers mais aussi employés. Ces derniers, cols blancs que l'on croyait définitivement acquis à la « classe moyenne », subissent un processus de régression sociale qui tend à les rapprocher des ouvriers. L'explosion des emplois non qualifiés dans les services confirme cette tendance. Les niveaux de revenus rapprochent aussi ouvriers et employés, dont les salaires sont inférieurs de 25 % au salaire moyen. Ce salariat d'exécution, dont les conditions de travail et de vie se confondent souvent, constitue de fait une nouvelle « classe populaire ».

Conflits de classe. Contrairement à la classe ouvrière, ces classes populaires ne revendiquent aucune « appartenance de classe », ce qui contribue à son invisibilité sociale. Cette invisibilité est renforcée par un « brouillage de classe » entretenu par les couches supérieures. Les cadres, qui n'ont cessé de creuser l'écart, refusent en effet toute affiliation à la bourgeoisie, préférant le confort d'une appartenance à une vague classe moyenne. L'accentuation des inégalités sociales et culturelles entre classes populaires et classes supérieures, et la résurgence d'un conflit de classes sont ainsi occultés par le mythe d'une classe moyenne homogène.

Employés et ouvriers : des niveaux de revenu comparables

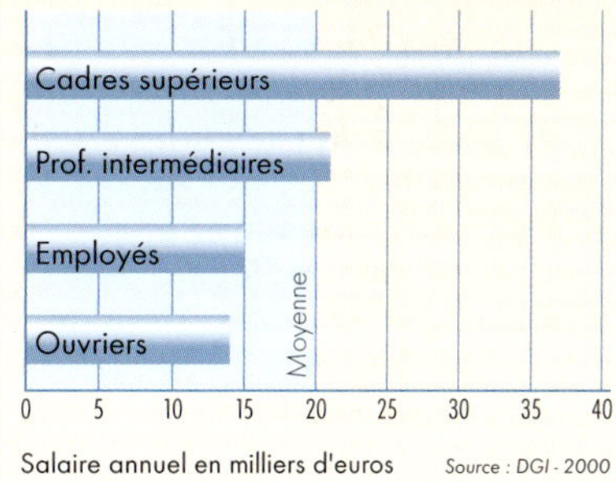

Source : DGI - 2000

Les classes populaires

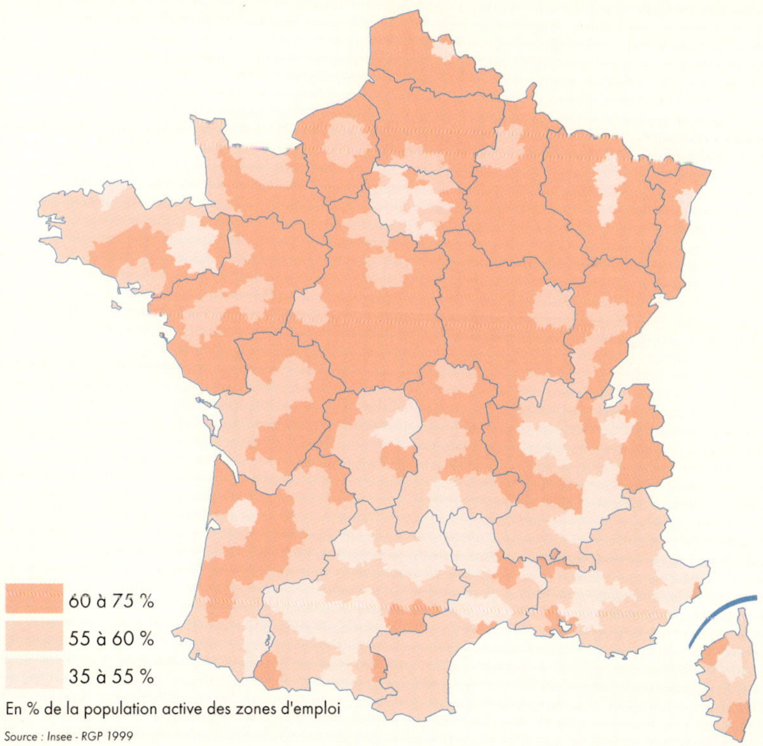

Source : Insee - RGP 1999

De faibles contrastes territoriaux

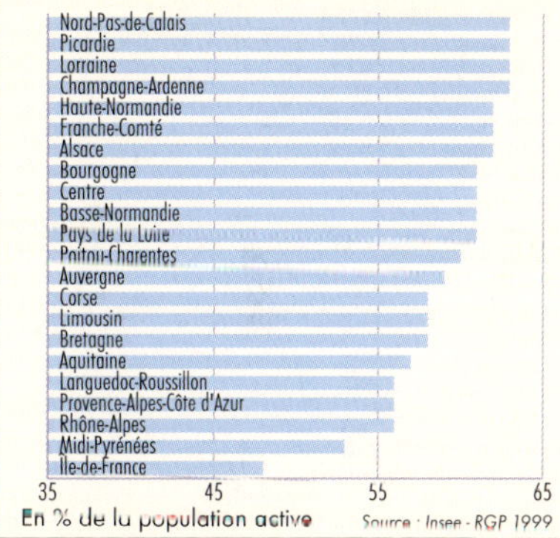

Source : Insee - RGP 1999

L'EXCEPTION FRANCILIENNE

Toutes les régions, à l'exception de l'Île-de-France, ont une population active constituée pour plus de la moitié par les classes populaires, ouvriers et employés. Les taux sont toutefois plus élevés dans le nord de la France, région industrielle où la population ouvrière est plus importante.
Mis à part Marseille, les grandes agglomérations sont moins populaires que leurs périphéries.

LA CONCENTRATION DU PROGRÈS OU

Toutes les grandes agglomérations ou « aires urbaines » (voir p. 6-7) connaissent une croissance démographique supérieure à la moyenne française. Cette poussée démographique résulte d'une mutation économique sans précédent, qui voit se concentrer l'essentiel du progrès économique et des richesses dans les métropoles. L'accentuation du poids économique et démographique des agglomérations dessine, a contrario, les territoires « à la périphérie du progrès » que sont les espaces périurbains, ruraux et industriels.

De la croissance urbaine à la croissance métropolitaine

Depuis le début des années 1970, le système économique des grands pays industriels s'est profondément modifié.

UNE PRODUCTION ÉCLATÉE ET MONDIALISÉE...
L'amélioration des transports et la baisse de leur coût, et le développement des nouvelles technologies de communication ont profondément bouleversé l'organisation des entreprises. Les sites de production intégrés, dans lesquels la matière première ressortait en bout de chaîne en un produit fini, ont été remplacés par de multiples unités de production plus petites et spécialisées. Chaque étape de la production est également localisée dans l'espace le plus adapté : la production de masse dans les pays à faible coût de main-d'œuvre, les étapes de conception dans les pays de forte qualification...
Il y a là une des explications au processus de mondialisation. Cette organisation nécessite toutefois d'être dirigée depuis des postes de commandement bénéficiant d'un niveau très élevé de compétences en matière de gestion, de droit, de comptabilité, de niveau de communication ce qui, au niveau mondial tout autant que national, a favorisé le développement des plus grandes villes.
À l'échelle internationale, on utilise le terme de « ville globale » pour qualifier une quinzaine de villes, véritables centres de direction de l'économie mondiale : New York, Berlin, Londres, Paris, Tokyo, etc.

... AU BÉNÉFICE DES PLUS GRANDES VILLES.
À l'échelle des pays, ce sont les plus grandes villes, les métropoles, qui bénéficient de cette dynamique. Les activités les moins valorisées et consommatrices d'espace, la production, les entrepôts par exemple, sont renvoyées en périphérie. Les activités plus prestigieuses ou nécessitant une main-d'œuvre qualifiée se concentrent dans les centres. La répartition des sièges sociaux des grandes entreprises donne un exemple de cette dynamique de sélection.
Depuis le XIXe siècle, la richesse des villes et leur croissance se sont appuyées sur la concentration des activités de production ; elles se développent aujourd'hui sur leur départ et la spécialisation sur les activités de recherche, de communication, de conception. Les villes qui concentrent encore les activités de production sont en perte de vitesse. L'Insee a ainsi défini une liste d'activités qui recouvrent ces fonctions « métropolitaines » (voir ci-contre).

CROISSANCE DÉMOGRAPHIQUE ENTRE 1990 ET 1999

La suprématie des métropoles ne se lit pas seulement à travers les indicateurs économiques mais aussi par le dynamisme démographique. Les onze plus grandes aires urbaines ont ainsi contribué pour la moitié de la croissance démographique nationale entre 1990 et 1999. À noter le maintien à un niveau élevé de la croissance de l'aire urbaine parisienne.

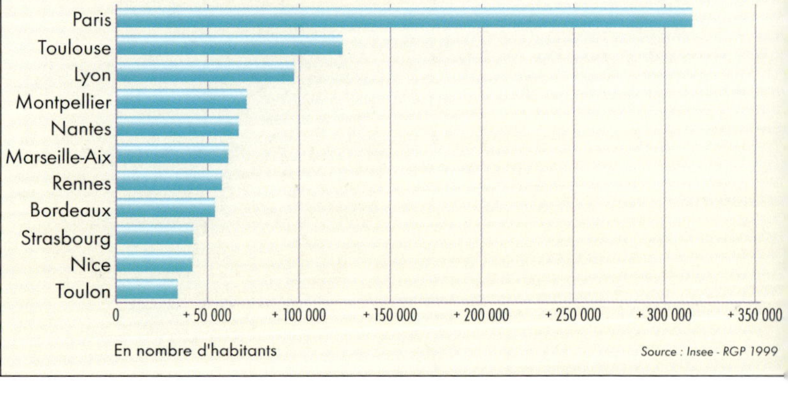

LA MÉTROPOLISATION

CONCENTRATION DE L'EMPLOI QUALIFIÉ

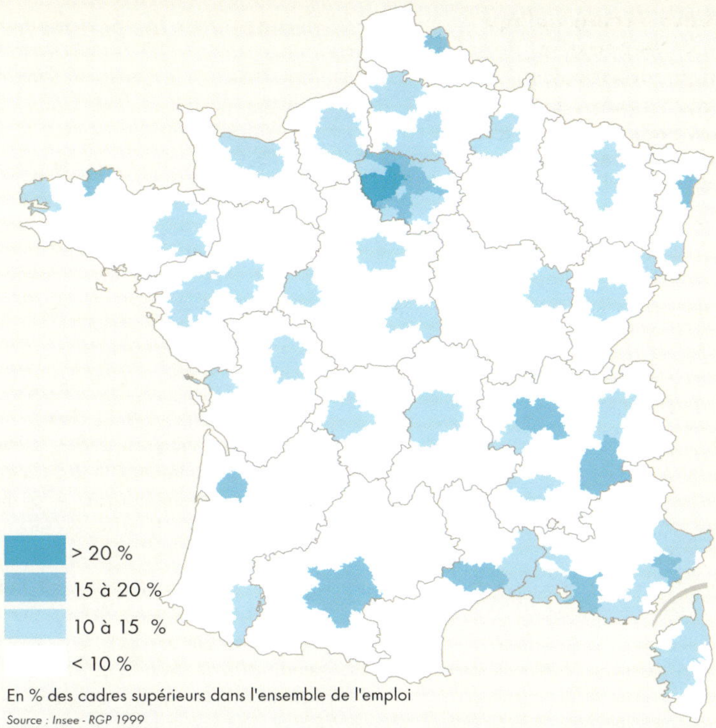

Source : Insee - RGP 1999

L'emploi qualifié dans les métropoles les plus actives

Le poids économique des métropoles n'a cessé de se renforcer depuis vingt ans. Ce constat est la conséquence de la révolution de la société de l'information, qui tend à concentrer dans les pôles urbains les plus importants les secteurs les plus dynamiques et les plus rémunérateurs. L'importance d'une offre d'emplois très qualifiés est de plus renforcée par la concentration d'emplois publics également très qualifiés dans l'administration mais aussi dans les secteurs de la santé, de la formation ou de la culture.

LES GRANDES MÉTROPOLES. Une quinzaine de métropoles françaises concentrent ces emplois hautement qualifiés. Paris occupe logiquement la première place et couvre l'ensemble des emplois métropolitains. Grenoble, Toulouse, Montpellier et Lyon sont plus spécialisées dans les domaines de la recherche, de l'information, des télécommunications et de l'informatique. Outre le cas particulier de Paris, on notera qu'il s'agit de métropoles où les fonctions de la production étaient peu développées. D'ailleurs, les villes qui connaissent le plus fort développement des fonctions métropolitaines sont situées à l'ouest, c'est-à-dire à l'écart de la France industrielle : Rennes, Nantes, Le Mans, La Rochelle, Caen.

> « *Les emplois supérieurs, très ancrés dans les plus grandes villes, représentent le tiers de la croissance de l'emploi en France depuis 1990.*
> DATAR-CIADT DU 13 DÉCEMBRE 2002. »

QUESTION DE DÉFINITION
Qu'est-ce que l'emploi métropolitain ?

Voici les onze catégories d'emplois hautement qualifiés selon l'Insee. Ces emplois métropolitains sont concentrés dans les villes.

SERVICES AUX ENTREPRISES (30,6 %) : cadres des services aux entreprises.

RECHERCHE (15,2 %) : ingénieurs et cadres techniques de recherche, études ou développement dans les établissements industriels ; chercheurs de la recherche publique, emplois supérieurs des établissements de recherche et d'enseignement supérieur.

COMMERCE (11,9 %) : cadres des commerces de gros et interindustriels.

BANQUE-ASSURANCE (8,1 %) : cadres des banques et des assurances.

ART (7,2 %) : artistes et emplois supérieurs artistiques, artisans d'art.

GESTION (7,1 %) : cadres de direction, d'administration et de finance des établissements industriels.

TRANSPORTS (5,9 %) : ingénieurs et cadres des transports.

COMMERCIAL DANS L'INDUSTRIE (4,5 %) : ingénieurs et cadres commerciaux, technico-commerciaux dans les établissements industriels.

TÉLÉCOMMUNICATIONS (4,2 %) : ingénieurs et cadres des postes et télécommunications.

INFORMATION (3,2 %) : cadres et emplois supérieurs de l'information.

INFORMATIQUE (1,9 %) : ingénieurs et cadres de l'informatique des établissements industriels.

LA DÉSINDUSTRIALISATION DES VILLES

Les métropoles les plus actives sont aussi celles qui ont vu leurs activités industrielles régresser. C'est en effet dans les métropoles que la part des emplois industriels a le plus diminué. Les pôles industriels se concentrent pour l'essentiel dans les périphéries métropolitaines. Loin d'avoir disparu, l'emploi industriel s'est redéployé dans le périurbain et les secteurs ruraux, confirmant par là même la désindustrialisation des villes et non celle du pays.

LES RICHESSES PRODUITES

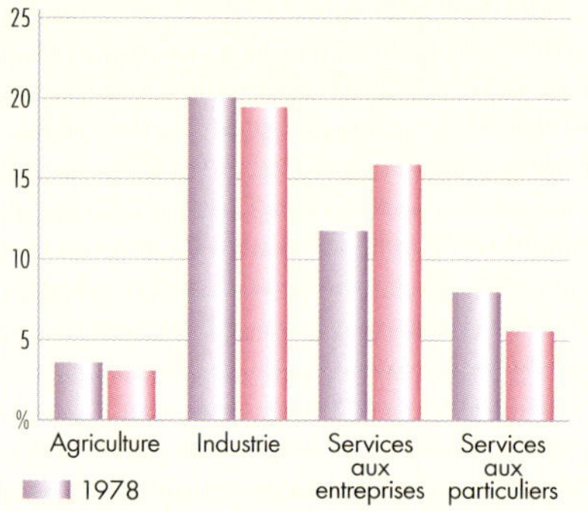

Source : ministère de l'Industrie, 2002

La France reste une puissance industrielle

L'activité industrielle est le plus souvent abordée par le seul prisme de l'emploi et son recul souvent associé à l'idée d'une désindustrialisation. Cette baisse résulte de l'automatisation, des restructurations et parfois des délocalisations, mais c'est aussi le résultat de l'externalisation. En effet, l'industrie sous-traite une part croissante de ses activités à des entreprises du secteur tertiaire : transport, nettoyage, comptabilité, gestion, sécurité, etc. Cette réorganisation fait basculer de façon mécanique une part de la population active industrielle dans le secteur tertiaire. En fait, la part de la richesse nationale produite par l'industrie est proche de 20 %, une proportion identique à celle enregistrée en 1978. Dans le même temps, les services aux entreprises sont passés de 12 % à 16 % de la richesse nationale (PIB).

LES EMPLOIS INDUSTRIELS PAR TYPE D'ESPACE

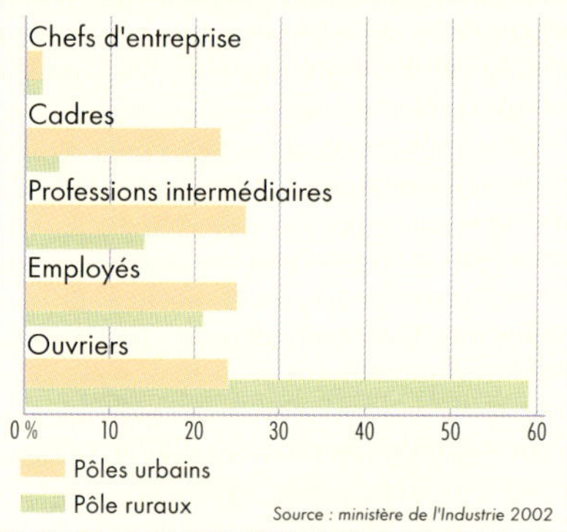

Source : ministère de l'Industrie 2002

> ***« De plus en plus, les entreprises ont tendance à s'installer en grande couronne, où les terrains sont deux à trois fois moins chers. »***
> **Dominique Magnin, service du développement économique de la ville de Gennevilliers, *Le Monde*, 10 juillet 1998.**

L'emploi industriel se déplace vers les périphéries

Au XIXe siècle, la révolution industrielle s'est traduite par une forte concentration de l'activité au cœur des villes. Les quartiers situés le long des cours d'eau ou à proximité des gares sont devenus alors les lieux privilégiés des implantations industrielles et, dans la foulée, sont apparus les quartiers ouvriers. Les industries, en quête de vastes emprises, se sont ensuite déplacées vers les banlieues en cours d'édification dès 1850. C'est l'apparition des banlieues ouvrières : la « ceinture rouge parisienne », constituée de communes industrielles, ouvrières et communistes.

Depuis 1970, l'industrie se relocalise de préférence dans des périphéries urbaines et rurales à l'immobilier peu coûteux et bien desservies par le réseau routier devenu le principal mode de transport. Cette évolution est accompagnée du remplacement progressif des grandes usines par des unités de production plus modestes, où la machine a remplacé l'homme. Cette dynamique est favorable aux périphéries qui accueillent aujourd'hui près de 40 % de l'emploi industriel, contre moins de 30 % en 1975. De ce fait, l'industrie procure plus du tiers de l'emploi des espaces périurbains ou ruraux, contre moins de 20 % dans les villes-centres.

Les emplois qualifiés dans les centres-villes. La réorganisation territoriale de l'industrie s'est réalisée de façon inégale en fonction des qualifications. L'emploi industriel resté en ville est marqué par une forte proportion d'emploi de cadres et de professions intermédiaires (plus de 45 %), tandis que l'emploi industriel des périphéries est très majoritairement ouvrier (près de 60 %). Cela souligne que, loin de concerner l'ensemble du secteur industriel, les recompositions territoriales ont opéré un tri : les activités prestigieuses, et en particulier les sièges sociaux, restent dans les centres-villes, les activités productives s'installent majoritairement dans les périphéries.

EMPLOI OUVRIER EN 1968 : VILLES ET RÉGIONS INDUSTRIELLES

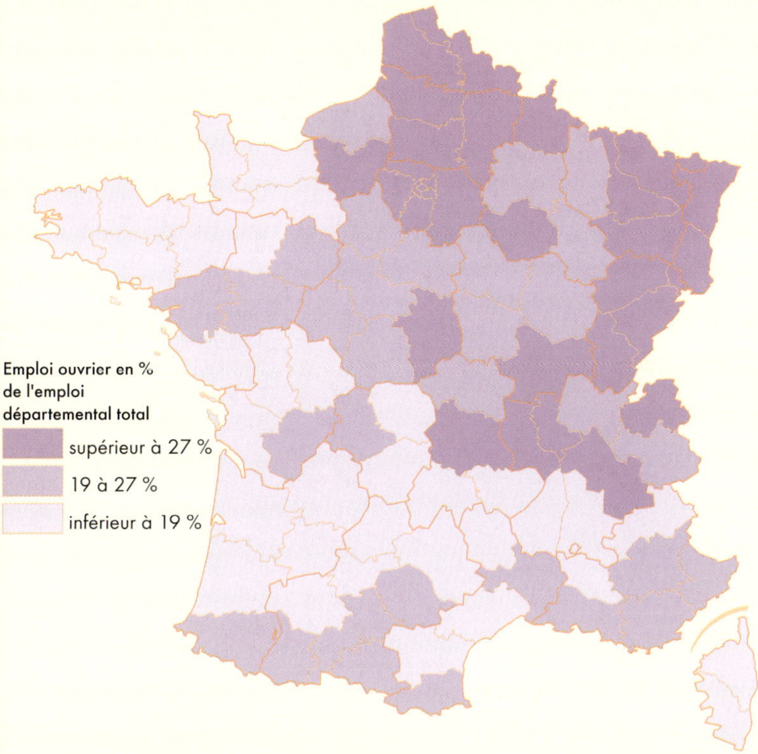

En 1968, les couches populaires, essentiellement ouvrières, sont fortement concentrées dans les grands pôles industriels et les grandes agglomérations situés principalement dans un grand quart nord-est du territoire. À cette date, plus de la moitié de l'emploi industriel est concentrée dans dix départements. La carte de la classe ouvrière en fait donc logiquement apparaître la carte des régions industrielles du Nord, de l'Est mais aussi des régions parisienne et lyonnaise. Depuis, le développement de l'industrie dans les régions de l'Ouest, les restructurations dans les anciennes régions industrielles et la désertion des centres-villes ont contribué à une répartition moins contrastée.

EMPLOI OUVRIER EN 1999 : LES PÉRIPHÉRIES

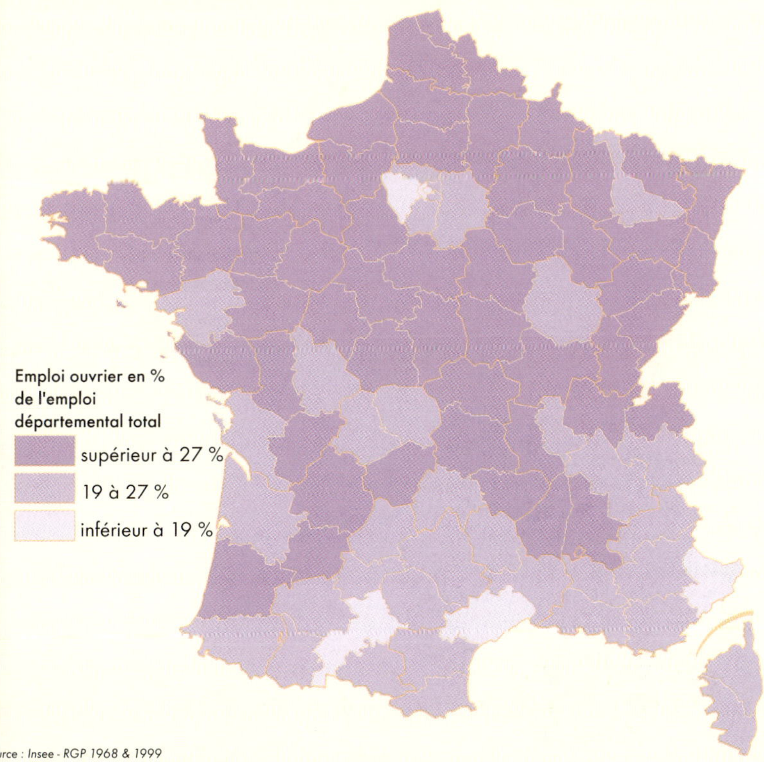

urce : Insee - RGP 1968 & 1999

LOCALISATION DES INDUSTRIES

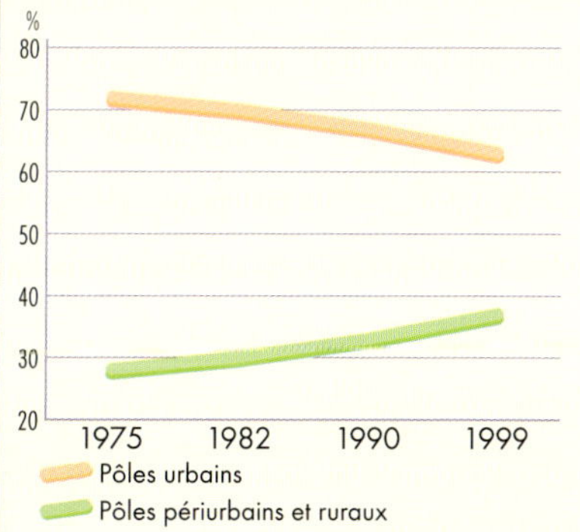

Source : ministère de l'Industrie 2002

LE PRIX DU LOGEMENT COM

Si l'augmentation des prix de l'immobilier est générale, les villes-centres des grandes métropoles sont particulièrement concernées. En cinq ans, le prix au mètre carré a, par exemple, augmenté de près de 50 % à Toulouse et de 40 % à Lille. De ce fait, les villes-centres sont aujourd'hui des territoires fermés aux catégories populaires et moyennes. Une très grande majorité de Français se trouve donc exclue des villes, d'autant que les logements sociaux se raréfient et que les logements du parc privé accueillant des populations modestes disparaissent (voir p. 26-27).

> *L'explosion des prix aggrave la pénurie de logements.*
> BERTRAND BISSUEL, *LE MONDE*, 1er JUILLET 2004.

Ménages à bas revenus et ménages modestes

Les ménages à bas revenus ont un niveau de vie inférieur à la moitié de la médiane, soit moins de 600 euros par mois en 2000 (revenus par unité de consommation, voir p. 30). Les ménages modestes sont les 30 % de ménages aux revenus les plus faibles (non compris les ménages à bas revenus), soit un revenu mensuel compris entre 600 et 900 euros par unité de consommation en 2002.

EXPLOSION DES PRIX DE L'IMMOBILIE

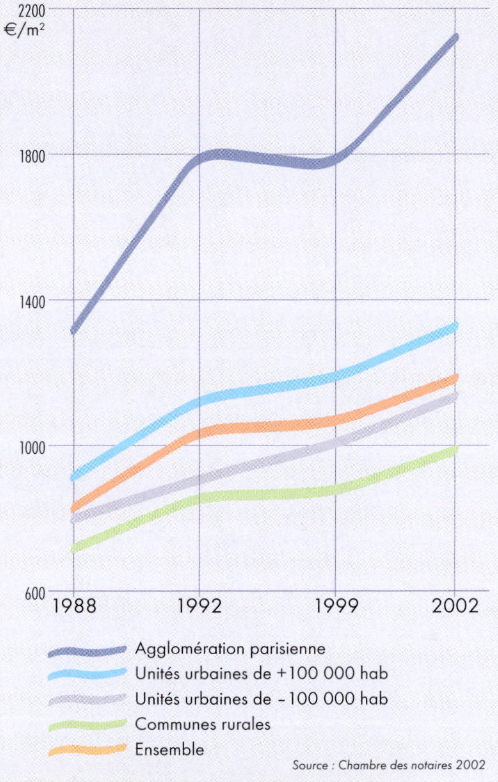

Source : Chambre des notaires 2002

Le coût du logement ne cesse d'augmenter. Le prix de l'immobilier est en grande partie déterminé par le jeu de l'offre et de la demande : plus les espaces sont attractifs, plus les prix augmentent. Cette logique se traduit par des prix plus élevés dans les villes et au sein des espaces urbains, par une décroissance des prix du centre vers la périphérie. L'évolution récente dans les agglomérations de Toulouse, Marseille ou Lyon, qui ont enregistré des hausses de plus de 25 % en une seule année, le souligne. Quant à l'agglomération parisienne, elle est soumise à des tensions particulièrement vives : les prix y sont en moyenne plus de deux fois plus élevés que dans le reste du territoire.

UNE CONTRAINTE FINANCIÈRE QUI GRÈVE LE BUDGET DES PLUS MODESTES

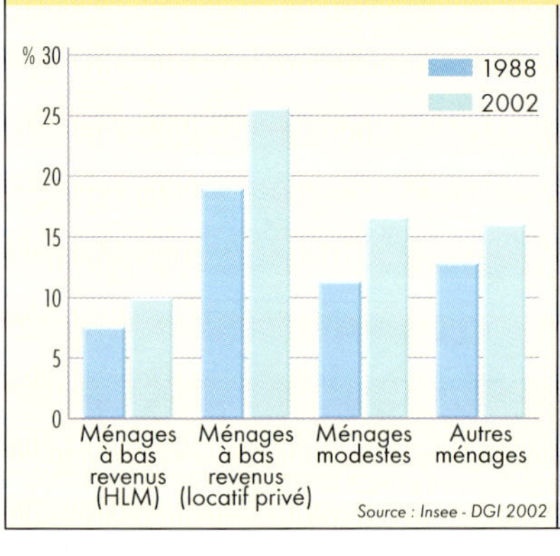

Source : Insee - DGI 2002

L'augmentation des prix de l'immobilier pèse particulièrement sur le budget des ménages les plus modestes, pour lesquels ce poste constitue, avec l'alimentation, une des dépenses les plus importantes. Entre 1988 et 2002, la part des revenus des ménages consacrée au logement est passée de 15 à 20 %, de 13 à 16 % en tenant compte des allocations logement. Ce sont les ménages à bas revenus logés dans le parc privé qui ont subi la plus forte augmentation : de 19 à 25 % du revenu.

ME FACTEUR DE SÉGRÉGATION

L'accession à la propriété de plus en plus difficile

Qui sont les propriétaires ? La principale conséquence des tensions du marché immobilier tient à l'évolution des trajectoires résidentielles. Les ménages ont de plus en plus de difficultés à changer de logement, en particulier lorsqu'ils bénéficient d'une situation avantageuse comme c'est le cas dans le logement social. 55 % des Français sont propriétaires de leur logement en 1999, soit la même proportion qu'en 1990. Logiquement, les retraités sont proportionnellement plus propriétaires que les autres ménages. En revanche, si plus de la moitié des cadres supérieurs et professions intermédiaires sont propriétaires, c'est le cas de seulement 40 % des ouvriers et 30 % des employés.

S'éloigner des centres-villes. Dans ce contexte, pour les ménages aux revenus modestes à intermédiaires, l'accession à la propriété suppose de s'éloigner des centres-villes pour acheter une maison ancienne à rénover ou, le plus souvent, une maison récente dans un lotissement périurbain. Cette évolution tend à dessiner une géographie sociale opposant les centres denses d'immeubles collectifs occupés par les ménages aisés, aux périphéries de maisons individuelles occupées par les catégories les plus modestes.

LES PROPRIÉTAIRES

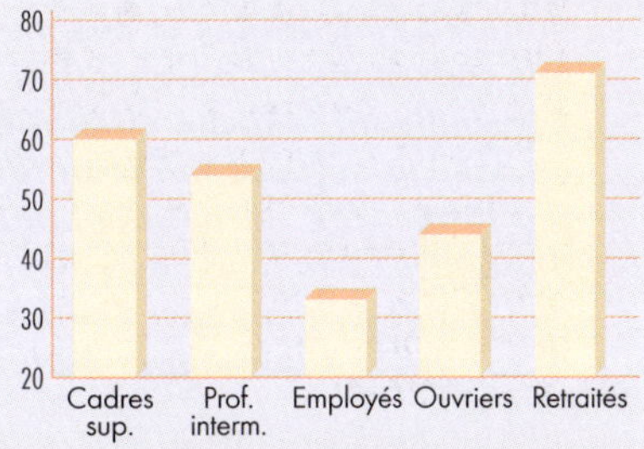

LES ACQUÉREURS DE MAISON

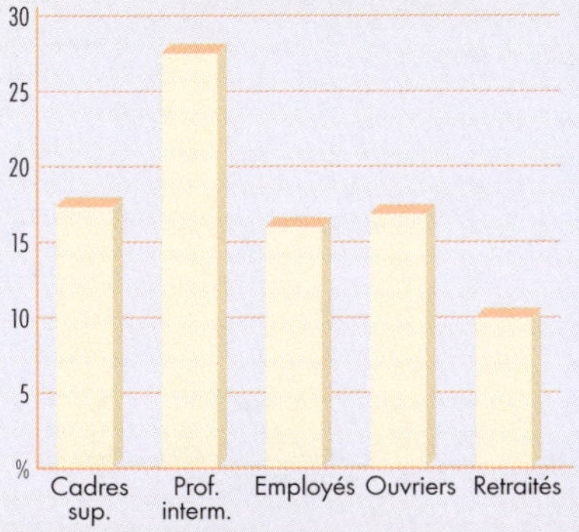

LES ACQUÉREURS D'APPARTEMENT

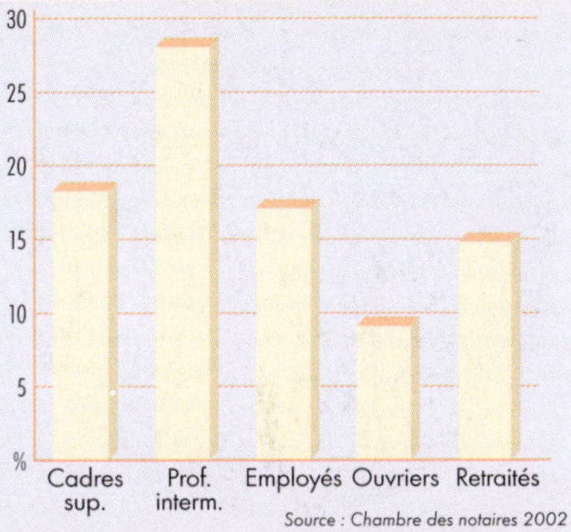

Source : Chambre des notaires 2002

DU CENTRE À LA PÉRIPHÉRIE LES PRIX DÉCROISSENT

Prix au m² en euros pour un logement ancien rénové

Source : Nouvel Observateur 2004

L'agglomération parisienne, une situation exacerbée

La répartition des prix de l'immobilier en Île-de-France illustre, de façon exemplaire, la logique décroissante du centre vers la périphérie : 6 000 euros le mètre carré dans les quartiers les plus chics de la capitale, 1 000 euros pour les périphéries les plus lointaines. À 47 000 euros, une chambre de bonne à Paris équivaut au prix d'une maison à rénover en milieu rural. Le choix des classes populaires pour les périphéries est conditionné par cette contrainte, en particulier pour les familles avec enfants, à la recherche de plus grands logements. Le centre des villes de la banlieue parisienne tend donc à se spécialiser dans l'accueil des populations aisées et majoritairement sans enfants : à Paris, un logement sur deux est occupé par une personne seule. Ainsi, la ségrégation sociale se double d'une ségrégation démographique : au centre les célibataires, les couples sans enfants et les familles aisées ; dans les périphéries, les familles moyennes et modestes avec enfants.

LES CADRES : UN APPARTEMENT EN VILLE,

Conséquence directe de la concentration des emplois qualifiés dans les métropoles et des niveaux de revenu, près de 80 % des cadres vivent aujourd'hui dans un pôle urbain. Contredisant le cliché médiatique du cadre à la campagne, on assiste aujourd'hui à un réinvestissement des centres par les cadres, notamment dans les derniers quartiers populaires des grandes villes. Parallèlement, le boom de l'achat de résidences secondaires confirme le choix des couches supérieures de rester en ville.

LES CADRES AU CŒUR DES MÉTROPOLES

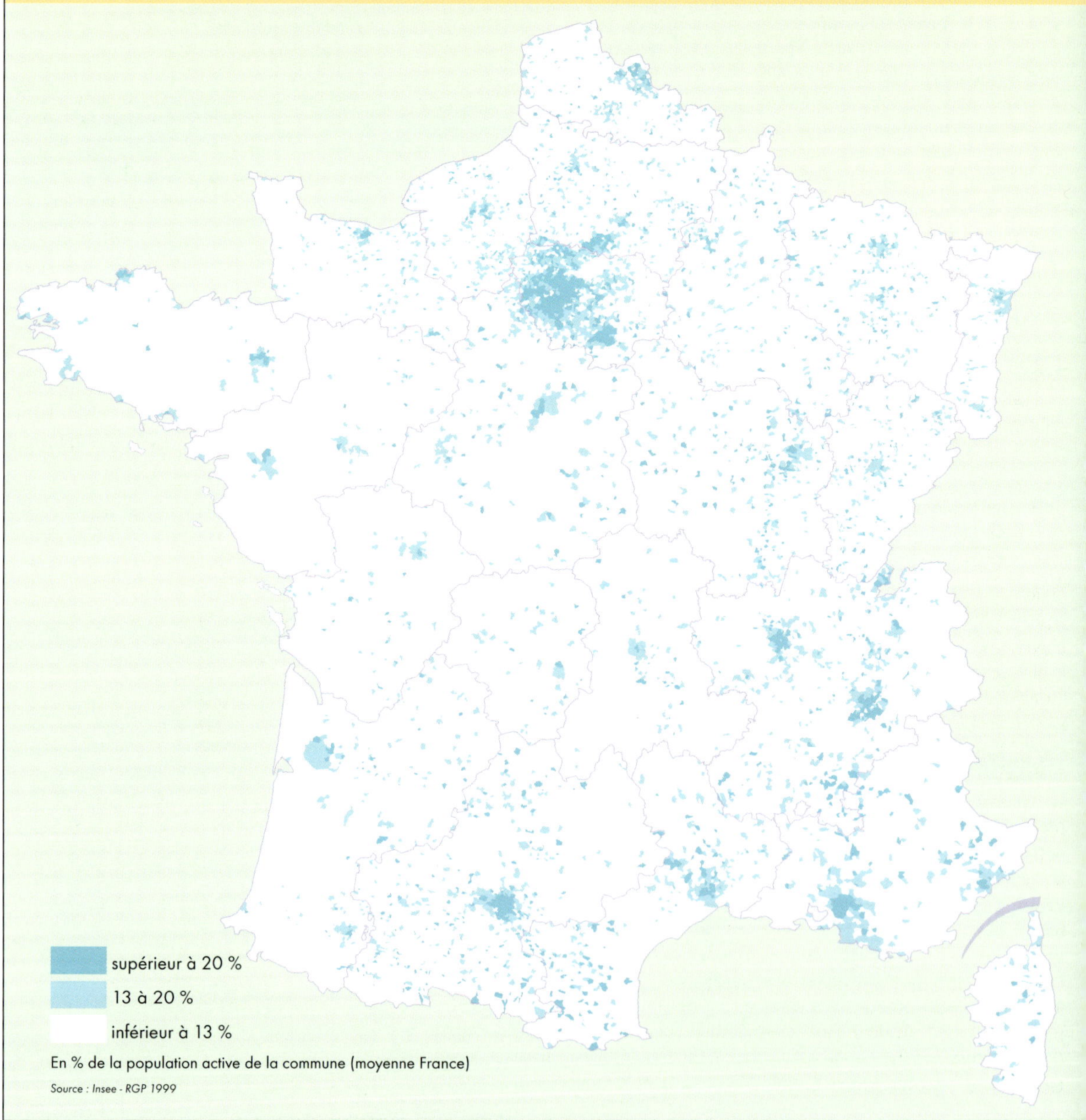

UNE MAISON À LA CAMPAGNE

LES RÉSIDENCES SECONDAIRES

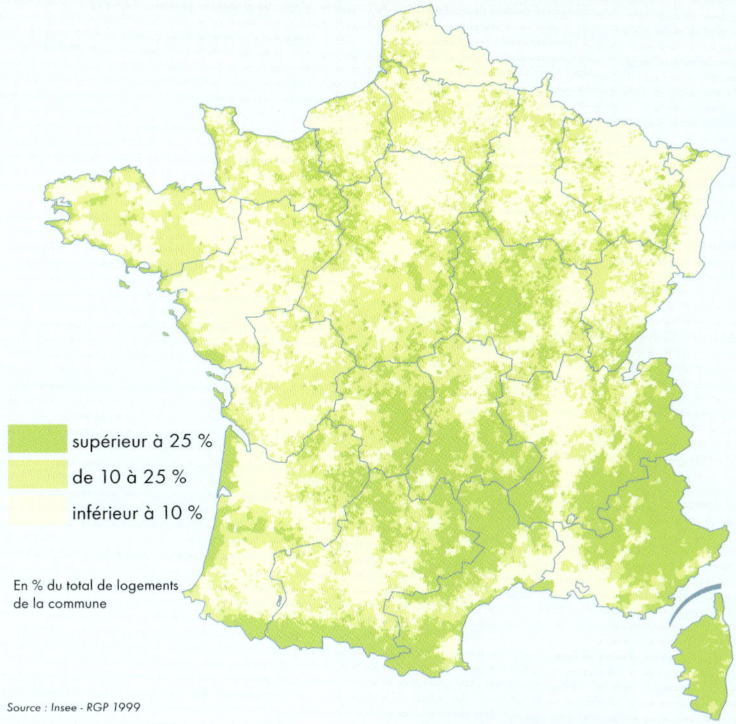

Contrairement aux idées reçues, ce ne sont pas les cadres qui s'installent à la campagne : ceux qu'on appelle les « néoruraux » sont majoritairement des employés et des ouvriers. Les cadres ne sont que 7 % à vivre dans les territoires ruraux. Grands bénéficiaires des mutations économiques mais aussi des 35 heures, les couches supérieures achètent des « morceaux de campagne » en restant en ville. Si l'augmentation de l'achat de résidences secondaires est le signe d'une certaine aisance financière de la nouvelle bourgeoisie, elle indique aussi une pratique différente de la campagne et de la ville avec, en filigrane, l'hédonisme de la petite bourgeoisie urbaine. L'arc méridional et, fait nouveau, la côte atlantique sont plébiscités, entraînant dans ces régions des tensions foncières difficiles à supporter par les résidents locaux, par ailleurs contraints de quitter les centres-villes.

Classe moyenne ou bourgeoisie ?

Les cadres et professions intellectuelles supérieures sont les grands bénéficiaires des mutations socio-économiques et urbaines récentes. Ces catégories, que médias, politiques et parfois chercheurs confondent avec la mythique « classe moyenne », représentent la bourgeoisie traditionnelle (et plus aisée) ou nouvelle (et plus intellectuelle). Depuis vingt ans, le niveau de vie de cette bourgeoisie n'a cessé de s'éloigner de celui des couches populaires. Seuls les cadres et professions intellectuelles supérieures ont aujourd'hui les moyens de se loger en centre-ville ou dans les communes huppées des proches banlieues. De ce fait, leur répartition sur le territoire français se calque sur la carte du cœur des agglomérations et en particulier des plus grandes d'entre elles : Paris, Lyon, Marseille, Lille, Toulouse, Grenoble, Rennes, Bordeaux, etc.

> ***« Contrairement à la nombreuse population des propriétaires de résidence principale, [la résidence secondaire] reste un « luxe » réservé aux catégories sociales les plus aisées. »***
> **FNAIM-CREDOC, 1999.**

RÉSIDENCES SECONDAIRES : D'ABORD LES CADRES

QUESTION DE DÉFINITION
Qui sont les « cadres et professions intellectuelles supérieures » ?

Ils comptent pour 13% de la population active française et 42% d'entre eux font partie du secteur public.
DANS LE PUBLIC : ingénieurs et personnels de direction de l'État et des collectivités locales, magistrats, officiers des armées, personnes exerçant un mandat politique ou syndical, professeurs agrégés et certifiés, chefs d'établissement de l'enseignement secondaire, enseignants de l'enseignement supérieur, chercheurs, médecins hospitaliers, bibliothécaires, etc. Dans le domaine de la culture : journalistes, auteurs, artistes, directeurs de journaux et d'édition, responsables de programmation et de production de l'audiovisuel et des spectacles, etc.
DANS LE PRIVÉ : professions libérales (avocats, médecins, notaires, architectes, graphistes, etc.), pharmaciens salariés, architectes salariés, cadres des entreprises, ingénieurs.

L'EMBOURGEOISEMENT DES QUART

Alors que chercheurs et politiques craignaient une évolution « à l'américaine » avec un départ des couches supérieures vers les périphéries, on assiste depuis le début des années 1990 à une arrivée massive de jeunes cadres dans les quartiers populaires des centres. Particulièrement visible à Paris, Lyon ou Lille, ce processus concerne en réalité l'ensemble des métropoles. Le profil sociologique de ce type de quartier repose sur un binôme très inégalitaire : d'une part, des catégories supérieures et intermédiaires privilégiées (cadres supérieurs, professeurs, journalistes, artistes) et, d'autre part, des catégories populaires défavorisées, souvent d'origine immigrée.

La « gentrification » : un concept de la géographie américaine

La « gentrification » est un terme créé par les géographes américains pour qualifier le mouvement de rénovation urbaine et sociale qui a caractérisé certains quartiers nord-américains comme Soho à New York. Ces évolutions sont apparues particulièrement importantes dans le contexte américain, où le centre des villes avait connu un mouvement de paupérisation accentué, lié au départ en périphérie des classes moyennes et supérieures. Cette situation différencie fortement les villes américaines des villes européennes dans lesquelles la localisation des classes supérieures reste principalement centrale.

Et en France. Les géographes français ont donc longtemps réfuté ce terme concernant les évolutions sociales des quartiers populaires des grandes villes, souvent persuadés que le processus de tertiarisation avec le remplacement des ouvriers par les employés n'aboutirait pas à un embourgeoisement généralisé des quartiers populaires. Cependant, au cours de la dernière décennie, le constat de l'éviction progressive des classes populaires des centres-villes, et en particulier des ouvriers, a imposé ce terme et le processus qu'il recouvre comme une réalité de la dynamique sociale urbaine.

LA GENTRIFICATION EN CINQ ÉTAPES

Quartier ouvrier

- 1 -
Déclin des ouvriers
remplacés par les employés et arrivée des pionniers : artistes, étudiants, squats alternatifs

- 2 -
Valorisation du quartier,
développement des lieux culturels : bars branchés, galeries d'art, salles de spectacles...

- 3 -
Arrivée des cadres supérieurs,
poursuite du déclin des ouvriers, baisse du nombre d'employés

- 4 -
Forte progression des cadres supérieurs,
fort déclin des classes populaires, éviction des populations pionnières

- 5 -
Opérations immobilières
par des promoteurs, réaménagements urbains : rues piétonnes, jardins, pistes cyclables...

Quartier embourgeoisé

La figure du « bobo » : acteur de la gentrification

Le terme a été forgé par un sociologue américain, par la contraction des termes « bourgeois » et « bohème ». Alors que le « bobo » américain représente l'élite de la gauche américaine, le « bobo » français relève d'une réalité socio-urbaine : l'arrivée d'une nouvelle petite bourgeoisie dans les quartiers populaires des grandes villes qui défend multiculturalisme et mixité.

Le capital culturel. C'est une population jeune, souvent diplômée et de cadres moyens et supérieurs travaillant dans le secteur public ou dans les domaines les plus actifs de l'économie urbaine. Cette nouvelle bourgeoisie ne possède pas, ou pas encore, le « capital ». Son atout est d'abord le capital culturel, ce qui, dans une société de l'information, est déterminant.

Un conflit de classes. Le phénomène « bobo » permet de souligner le conflit de classes généré par l'arrivée de couches supérieures dans un environnement populaire. Les chercheurs utilisent peu l'expression « bobo » préférant la neutralité sociale du mot « gentrifiés ». Cette occultation de la « violence sociale » générée par la gentrification s'illustre dans les discours entendus sur la mythique « mixité sociale » et dans les silences qui entourent les inégalités sociales et culturelles générées par cet embourgeoisement.

> ***Le silence à propos des processus de gentrification est corrélatif du silence à propos des rapports sociaux qu'ils mettent en jeu.***
>
> **C. Bidou-Zachariasen, « Gentrification : le tabou français », *Esprit* n° 303, mars-avril 2004.**

ERS OUVRIERS : LA GENTRIFICATION

Du quartier ouvrier au quartier bourgeois : l'exemple de la Bastille à Paris

Le XIe arrondissement de Paris, autour de la Bastille et du faubourg Saint-Antoine, est un quartier emblématique du processus de gentrification.

BASTION HISTORIQUE. Dans ce quartier de Paris, les ouvriers comptent pour la moitié de la population active en 1954. Le départ progressif des activités industrielles et artisanales vers la banlieue génère alors un remplacement des ouvriers par les employés, mais la part des classes populaires se maintient à un niveau élevé, encore 80 % de la population en 1968.

LE DÉPART DES EMPLOYÉS. Le quartier entre alors dans une nouvelle phase avec une forte augmentation des classes tertiaires moyennes et supérieures. Au tour des employés de régresser. Parallèlement, la baisse des ouvriers s'amplifie en raison des départs mais aussi du basculement d'une partie de cette population dans la catégorie des retraités. Dans un contexte de tensions immobilières croissantes, ce quartier central devient très attractif pour des catégories souvent modestes mais qui vont fortement influencer son évolution sociale : les étudiants et les artistes. Ils contribuent notamment au développement d'une nouvelle structure commerciale avec l'ouverture de restaurants, de bars et surtout de galeries d'art à partir de 1980. L'annonce puis la réalisation de l'Opéra Bastille, un des grands travaux du président Mitterrand, vont accélérer le mouvement : les nouvelles professions tertiaires des domaines de l'urbanisme, de la communication, de l'informatique s'installent.

LE BASCULEMENT. Les classes populaires encore majoritaires en 1982, avec plus de 60 % de la population active, sont passées sous la barre des 40 % en 1999. Dès lors, les cadres supérieurs constituent le premier groupe social, la flambée des prix dans ce quartier empêchant l'installation des catégories intermédiaires.

ÉVOLUTION SOCIALE DE TROIS QUARTIERS

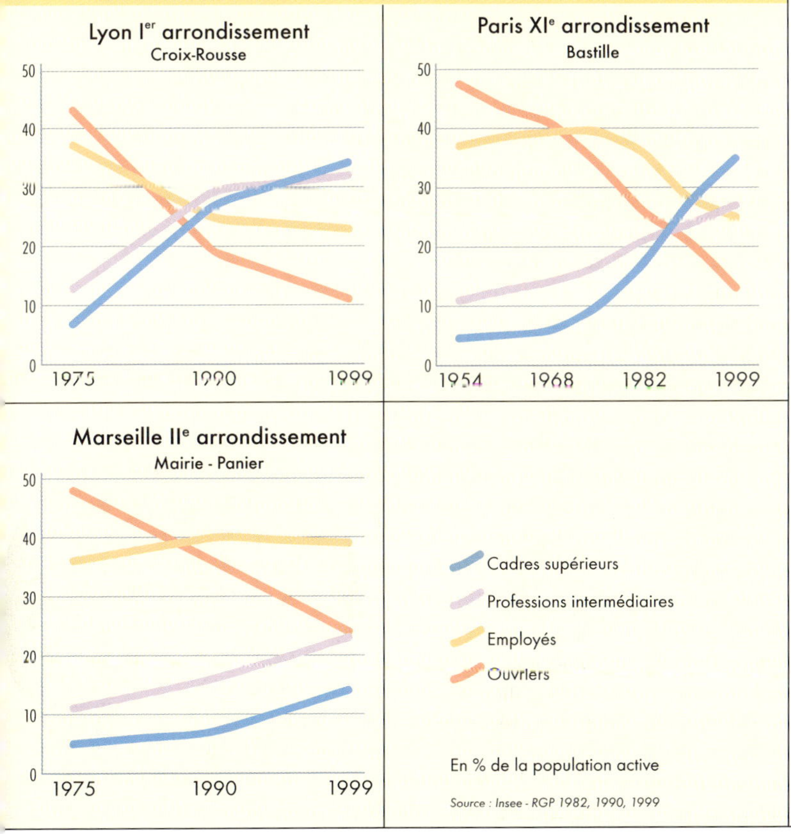

Un phénomène qui n'est pas spécifique à Paris

Fortement liée à l'évolution de la structure économique et à la métropolisation, la « gentrification » a d'abord été considérée comme un phénomène strictement parisien. Les évolutions récentes montrent au contraire que les quartiers populaires des grandes villes de province connaissent aussi de forts mouvements de recomposition sociale.

À LYON. Dans le Ier arrondissement, qui regroupe notamment le quartier des Pentes de la Croix-Rousse, ancien fief des canuts, la part des cadres moyens et supérieurs est passée de moins de 20 % en 1975 à 65 % en 1999. L'Insee précise que cette progression constitue le record national pour les communes urbaines.

D'AUTRES EXEMPLES. Le processus est plus tardif dans les agglomérations où le développement des secteurs économiques de pointe et des médias ne s'est véritablement accéléré que dans les années 1990. C'est le cas notamment de Lille, où la transformation a été plus lente mais qui aujourd'hui connaît elle aussi la « boboïsation » de ses quartiers populaires, comme celui de Wazemmes.

Marseille constitue un cas particulier car, contrairement aux autres villes françaises, les classes supérieures ont en grande partie déserté le centre-ville au profit des périphéries et surtout de la ville voisine et bourgeoise d'Aix. La rénovation sociale est portée ici par la volonté municipale d'attirer des couches moyennes et supérieures. La rénovation des quartiers anciens, actions sur l'habitat et les espaces publics, est le vecteur de cette transformation. Le quartier du Panier, dans le IIe arrondissement, constitue un exemple de démarrage du processus de gentrification. Son aménagement s'est accompagné de la rénovation de la vieille Charité, devenue centre culturel. Le festival de cinéma en plein air qui y est organisé est un autre signe de cette transformation en cours, dont l'impact social reste encore modeste.

LES CLASSES POPULAIRES REL

Si la part des couches populaires, ouvriers et employés, est restée stable en moyenne, elle a en revanche beaucoup évolué selon le type de territoire. La relégation de ces catégories des centres des grandes agglomérations vers les territoires périurbains et ruraux favorise l'émergence d'une « France périphérique ». Fruit d'une réalité sociale, celle de la désintégration sociale des couches populaires, ces « territoires périphériques » présentent tous la caractéristique d'être à l'écart des villes-centres, des secteurs économiques les plus en pointe et des zones foncières les plus attractives.

CLASSES POPULAIRES : DU CENTRE VERS LES PE

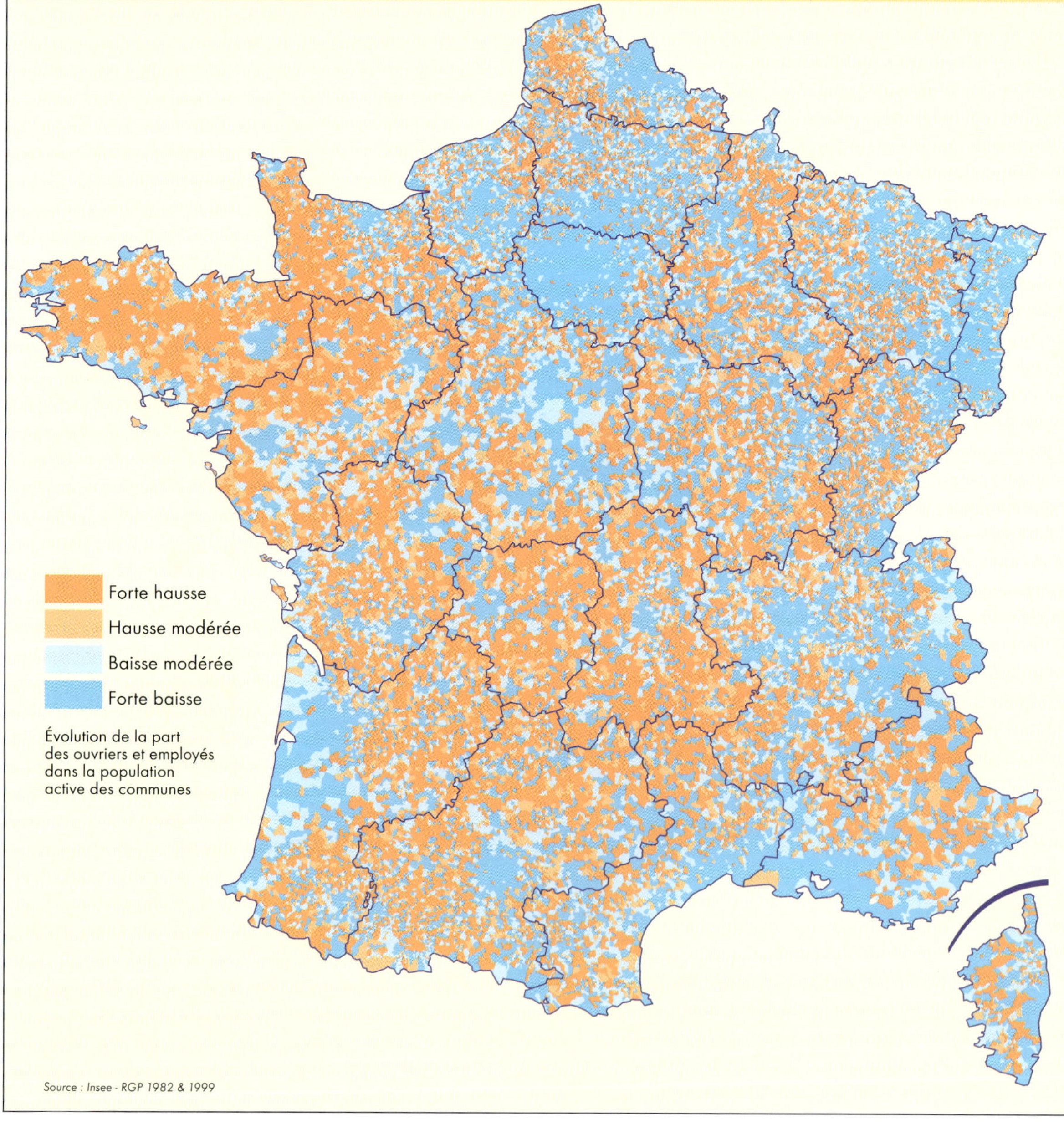

Source : Insee - RGP 1982 & 1999

ÉGUÉES DANS LES PÉRIPHÉRIES

À l'écart du centre et du progrès social

De Lille à Marseille, de Strasbourg à Rennes ou à Bordeaux, le constat est le même : les couches populaires quittent les centres urbains. Le retour ou le maintien des cadres en centre-ville est directement lié à un véritable choix résidentiel de ces derniers grâce à leur niveau de revenus. En revanche, la migration des couches populaires vers les grandes périphéries urbaines et rurales apparaît comme un choix contraint. Souvent présenté comme une promotion, parce qu'il s'accompagne dans la plupart des cas d'un projet d'accession à la propriété, le parcours résidentiel des couches populaires est en réalité déterminé par la pénurie de logements sociaux en centre-ville, par les logiques foncières et par la faiblesse des ressources.

UN PROCESSUS HISTORIQUE QUI S'INVERSE. Le processus d'exclusion des couches populaires des centres démarre après la Seconde Guerre mondiale avec la reconstruction, puis s'accélère avec les grandes opérations de restructuration urbaine menées à partir de 1960. À cette époque, la machine économique s'appuie encore sur de grandes industries de main-d'œuvre et, si les couches populaires sont tenues à l'écart des quartiers bourgeois, elles n'en sont pas moins intégrées politiquement et économiquement.
Rien de tel aujourd'hui. Ces catégories subissent conjointement un processus de désintégration sociale et une éviction des centres du pouvoir économique et politique. Tenues à l'écart du progrès social, elles sont reléguées dans les périphéries urbaines et rurales et les espaces les moins attractifs du pays. Ainsi, si la révolution industrielle avait poussé le peuple des campagnes à gagner les villes, force est de constater qu'aujourd'hui la société postindustrielle tend au contraire à le mettre à l'écart des pôles les plus dynamiques.

RIPHÉRIES

D'ABORD LES OUVRIERS, ENSUITE LES EMPLOYÉS

Le départ progressif des industries en banlieue dès le début du XXe siècle a d'abord touché les ouvriers puis les employés, dont moins d'un quart vit aujourd'hui dans les villes-centres : c'est la catégorie la moins représentée... Les employés, touchés plus tardivement, accusent toutefois une baisse plus rapide : 35 % étaient logés en 1982 dans une ville-centre, contre 28 % en 1999.
L'évolution récente des banlieues est significative. Si près d'un tiers des employés et ouvriers y sont logés, un mouvement de décrue s'est enclenché entre 1990 et 1999. Cela signifie que le phénomène d'exclusion s'étend progressivement à la banlieue. Cette dynamique tient pour beaucoup à l'envolée des prix immobiliers et au désir de certains ménages de s'éloigner des cités d'habitat social dont ils sont parfois issus.

> « *À Rennes, les cadres moyens sont surtout dans la seconde couronne et les employés et ouvriers se retrouvent un peu plus loin, à 20 ou 30 kilomètres.* »
> JEAN LABIA, PRÉSIDENT DE LA CHAMBRE DÉPARTEMENTALE DES NOTAIRES, *LE MONDE*, 1er JUILLET 2004.

QUESTION DE DÉFINITION
Qui sont les « ouvriers » et les « employés » ?

La définition de l'Insee s'appuie principalement sur l'aspect répétitif des tâches et la dépendance à la hiérarchie pour identifier les ouvriers et employés.

LES EMPLOYÉS : 29 % de l'emploi, dont plus d'un tiers dans le secteur public.
- Dans le service public : agents de l'État, aides-soignants, agents de police, gendarmes (de grade inférieur à adjudant), sergents et sous-officiers de grade équivalent des armées, pompiers.
- Dans le secteur privé : standardistes, secrétaires, dactylos, employés administratifs, vendeurs, serveurs (bar, restaurant, etc.), employés de commerce, caissiers.

LES OUVRIERS : 24 % de l'emploi.
Ouvriers du bâtiment, ouvriers qualifiés de l'industrie, jardiniers, chauffeurs routiers, magasiniers, ouvriers non qualifiés du bâtiment et de l'industrie, ouvriers agricoles, marins-pêcheurs.

EMPLOYÉS

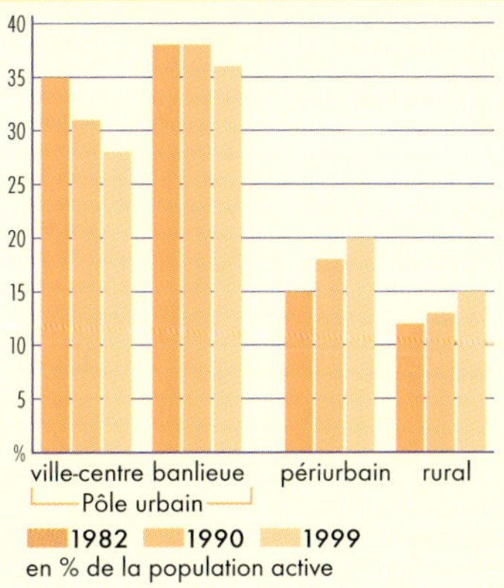

OUVRIERS

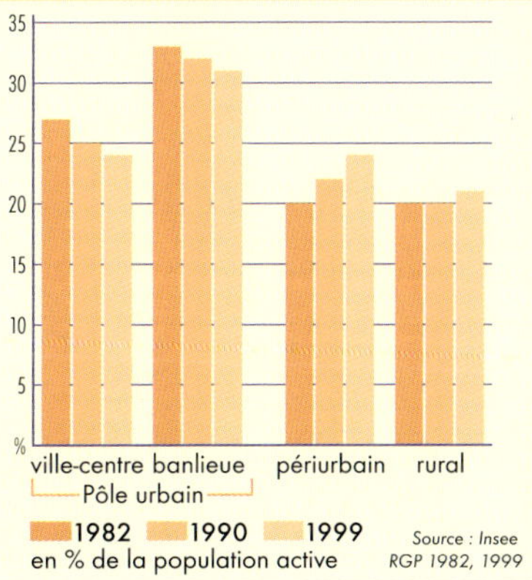

Source : Insee RGP 1982, 1999

LA NOUVELLE GÉOGRAPHIE SO

L'opposition entre quartiers ouvriers et/ou de logements sociaux et quartiers bourgeois constitue depuis plus d'un siècle la géographie sociale traditionnelle des grandes villes. Opposition est/ouest à Lyon, nord/sud à Grenoble... La lecture des dynamiques sociales permet de sortir d'une vision dix-neuviémiste des fractures territoriales pour révéler une nouvelle géographie sociale postindustrielle. C'est donc une opposition centres/périphéries qui se substitue à la fracture traditionnelle entre beaux quartiers et quartiers populaires.

OPPOSITION TRADITIONNELLE | NOUVELLES DYNAMIQUES

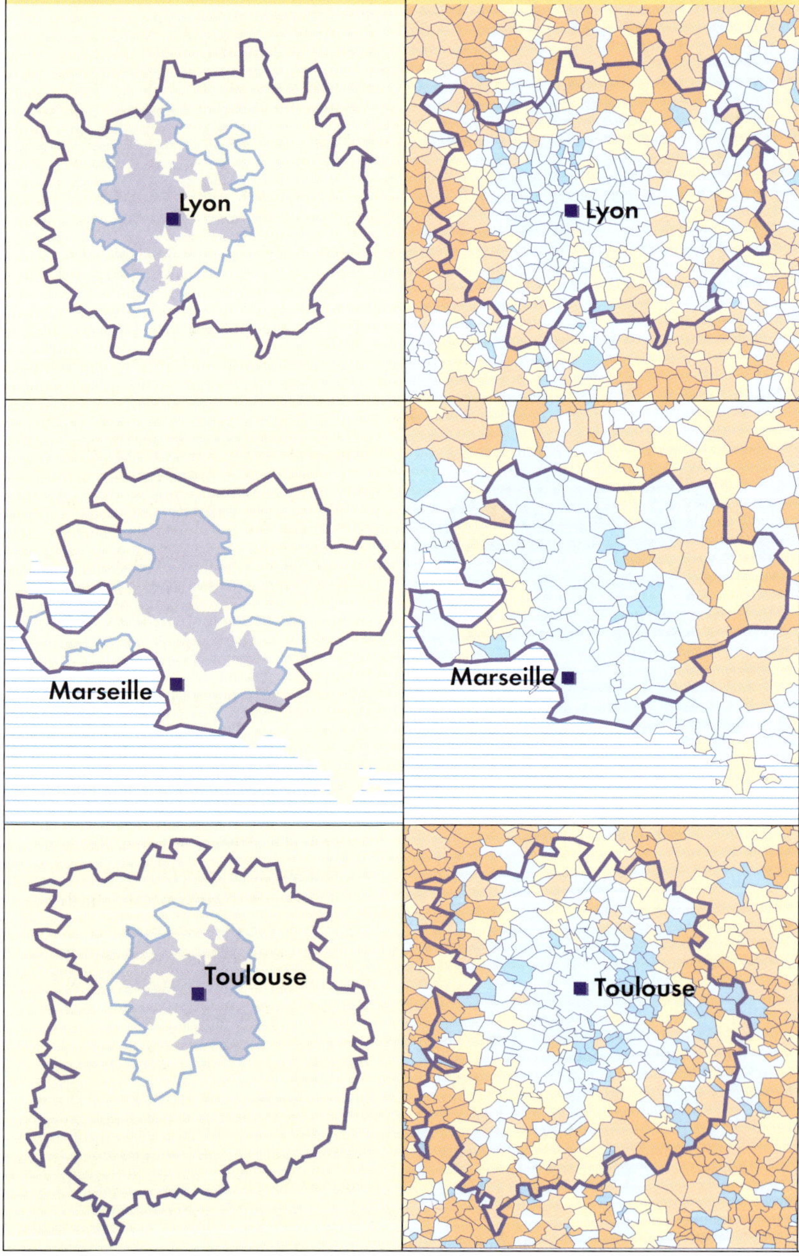

L'opposition traditionnelle : quartiers bourgeois, quartiers ouvriers

Dans toutes les agglomérations, les structures sociales opposent centres et banlieues huppées aux anciens quartiers ouvriers : est/ouest, nord/sud... Cette structure sociale est en grande partie héritée de la période industrielle pendant laquelle les quartiers ouvriers se sont développés autour des usines localisées à proximité des grandes infrastructures de transport ferroviaires ou fluviales.

QUARTIERS BOURGEOIS. Dans le même temps s'édifiaient les quartiers bourgeois, à l'écart des nuisances générées par les industries mais aussi des classes laborieuses. Cette organisation reste visible aujourd'hui car le logement social s'est principalement développé dans les anciens quartiers ouvriers, assurant ainsi jusqu'à aujourd'hui une présence populaire. De même, les quartiers bourgeois du XIXe siècle, caractérisés par des espaces urbains valorisés (larges avenues, jardins) et une architecture de qualité dont l'immeuble haussmannien est l'exemple type, ont conservé tous les attributs urbains et sociaux des « beaux quartiers ».

LES MUTATIONS DE LA FRACTURE SOCIALE EN VILLE. L'opposition entre quartiers bourgeois et quartiers populaires structure l'espace social des villes depuis le XIXe siècle. Elle occulte néanmoins les dynamiques qui opposent les centres aux périphéries.

CIALE DES VILLES

PPOSITION TRADITIONNELLE | NOUVELLES DYNAMIQUES

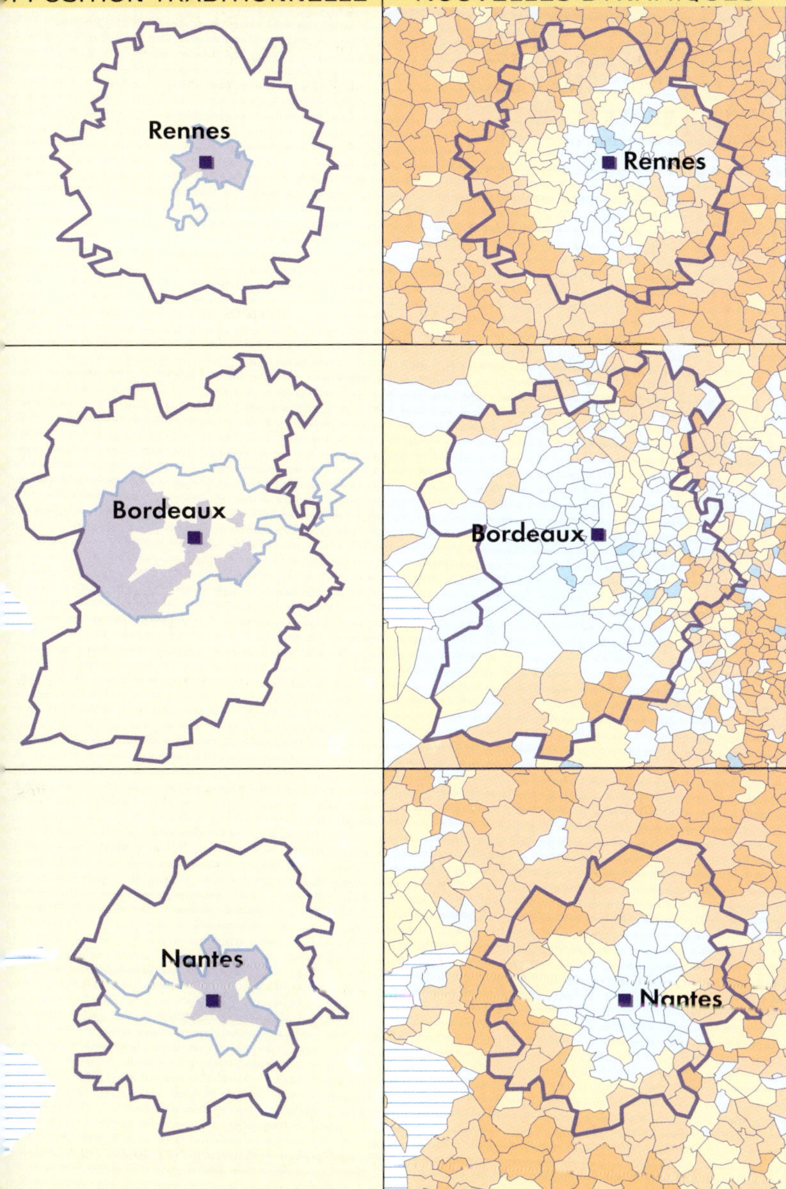

PPOSITION TRADITIONNELLE | NOUVELLES DYNAMIQUES

Structure sociale

- Secteurs à dominante de couches supérieures
- Secteurs à dominante populaire
- Pôle urbain (centre)
- Aire urbaine

50 km

Source : Insee - RGP 1982, 1999

Évolution des ouvriers et employés

- Forte hausse
- Hausse modérée
- Stabilité
- Baisse modérée
- Forte baisse
- Limite communale
- Aire urbaine

50 km

Source : Insee - RGP 1982, 1999

> ***De plus en plus de personnes s'éloignent des centres-villes pour que la location ou l'achat de leur logement soit moins onéreux.***
> LE MONDE, 17 JUILLET 2004.

Les nouvelles dynamiques : centre contre périphérie

La cartographie de la transformation sociale permet de révéler les dynamiques à l'œuvre dans les métropoles. Ce n'est plus l'opposition entre des quartiers *in* et des quartiers *out* qui apparaît, mais une dynamique touchant l'ensemble de l'agglomération des centres vers les périphéries.

RENNES ET NANTES offrent deux exemples particulièrement édifiants. Au centre des agglomérations, la baisse de la part des classes populaires est généralisée, tant dans les quartiers huppés que dans les secteurs traditionnellement ouvriers. Ces quartiers se sont en effet embourgeoisés depuis une vingtaine d'années grâce à l'arrivée de jeunes cadres. Dans les périphéries proches, c'est-à-dire les communes périurbaines en contact avec l'agglomération, la part des classes populaires est stable ou en légère régression. Enfin, les marges périphériques enregistrent de fortes progressions des catégories les plus modestes.

MÊME À MARSEILLE, ville pourtant caractérisée par un centre encore populaire et une localisation plus périphérique des classes moyennes et supérieures, on constate une baisse des catégories modestes dans l'ensemble de l'agglomération alors que leur part augmente fortement en périphérie.
Les dynamiques dessinent des cercles successifs où plus on s'éloigne du centre et plus la part des classes populaires tend à se renforcer, ce qui constitue une rupture avec le modèle hérité de la ville industrielle.

Région parisienne : des tenda

Si la traditionnelle opposition entre le nord-est populaire et l'ouest bourgeois reste pertinente à l'échelle des départements centraux, elle ne décrit en rien les dynamiques en cours dans l'ensemble de l'aire urbaine parisienne. La situation est emblématique et exacerbée : cette aire urbaine déborde sur cinq régions et révèle une logique sociale du centre aux périphéries urbaines et rurales. Après les classes populaires, le mouvement d'éviction atteint les classes moyennes.

Les couches populaires reléguées en périphérie

Comme c'est souvent le cas, l'agglomération parisienne offre un exemple extrême des dynamiques enregistrées dans les villes françaises. Cette spécificité est liée à la concentration d'habitants (plus de 11 millions) qui exacerbe les concurrences et à la structure de l'emploi, notamment le poids exceptionnel des emplois qualifiés (40 %). Comme les autres agglomérations, Paris est caractérisé par une opposition entre quartiers bourgeois, à l'ouest, avec des communes comme le XVIe arrondissement ou Neuilly, où la part des cadres supérieurs dépasse 40 %, à un est plus populaire.

Une ségrégation ancienne. C'est à l'époque du second Empire que cette ségrégation s'est mise en place lorsque les industries se sont installées et développées autour des gares, en particulier celles de l'est et du nord, qui permettaient une liaison aux bassins miniers. Au XXe siècle, les industries ont progressivement quitté la ville pour s'installer en banlieue et le long de la Seine, générant ainsi l'émergence d'une banlieue ouvrière, la ceinture rouge. La Seine-Saint-Denis, département du nord-est parisien, reste profondément marquée par cette époque.

Les nouvelles formes de ségrégation. Depuis, les restructurations urbaines entreprises à partir du début des années 1960 dans la ville de Paris ont enclenché un processus d'exclusion progressive des classes populaires qui gagne de proche en proche : d'abord les quartiers ouvriers de Paris, le quartier du faubourg Saint-Antoine par exemple, aujourd'hui les banlieues de la première couronne, la commune de Montreuil par exemple.
C'est donc l'ensemble de l'agglomération qui est touché par le déclin des classes populaires. Seuls secteurs où elles se maintiennent ou progressent, les grandes périphéries : les confins de la Seine-et-Marne et surtout des communes situées hors de la région Île-de-France.

Opposition traditionnelle : quartiers bourgeois/ouvriers

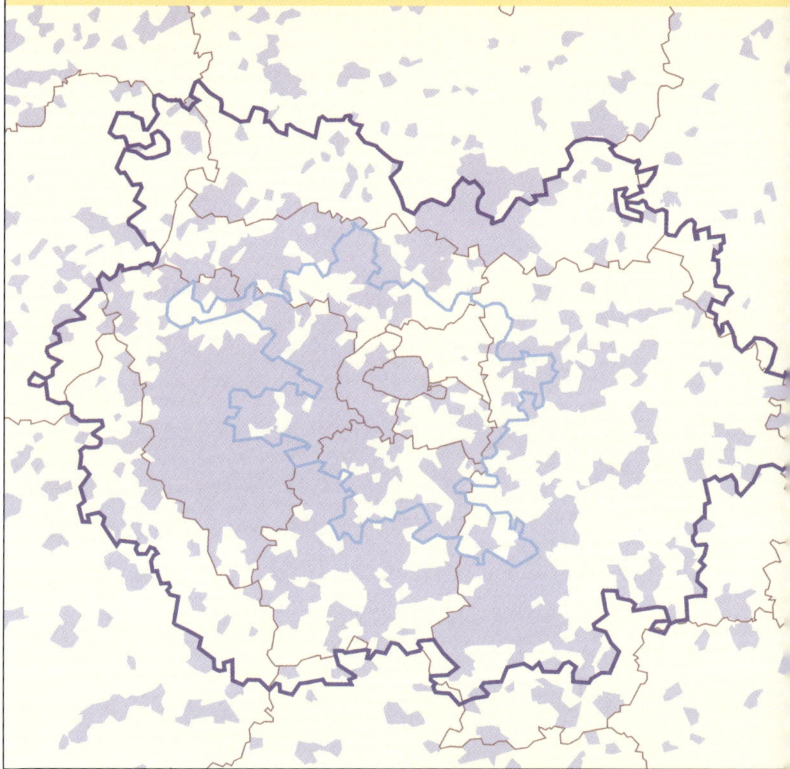

Opposition traditionnell

Structure sociale

- Secteurs à dominante de couches supérieues
- Secteurs à dominante populaire
- Pôle urbain (centre)
- Aire urbaine
- Limite départementale

50 km

Source : Insee - RGP 1982, 1999

NCES EXACERBÉES

NOUVELLES DYNAMIQUES : CENTRE CONTRE PÉRIPHÉRIE

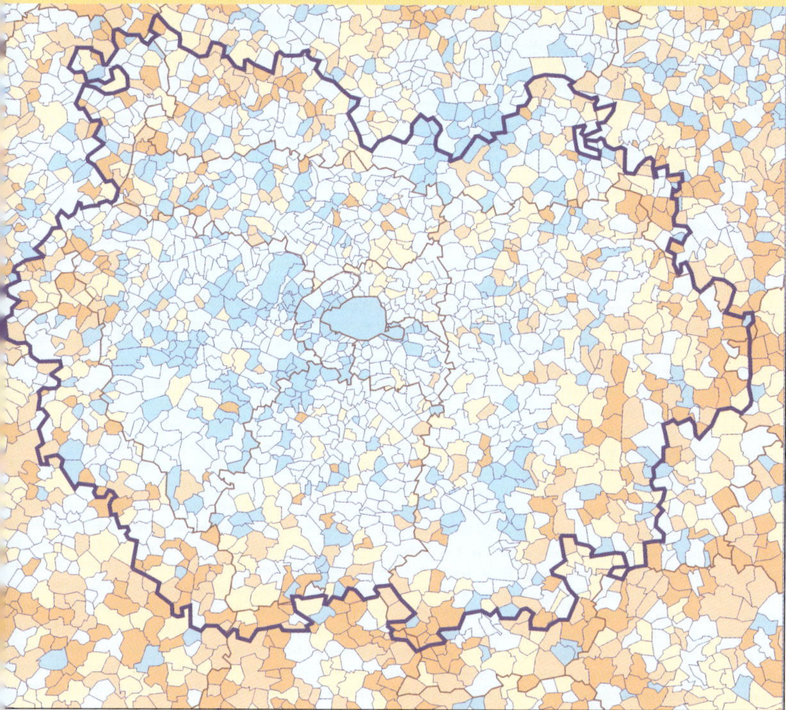

NOUVELLES DYNAMIQUES

Évolution des ouvriers et employés dans la population active des communes

- Forte hausse
- Hausse modérée
- Stabilité
- Baisse modérée
- Forte baisse
- Limite communale
- Aire urbaine
- Limite départementale

50 km

Source : Insee - RGP 1982, 1999

> **“ *Après les populations les plus modestes, les catégories moyennes parisiennes sont à leur tour touchées par des opérations de pure spéculation immobilière.* ”**
> PIERRE AIDENBAUM, MAIRE DU IIIe ARRONDISSEMENT DE PARIS, *LIBÉRATION*, 21 JUIN 2004.

Vers une relégation de la classe moyenne

Dans le contexte parisien particulièrement tendu, c'est finalement la capacité, au-delà des classes populaires, de la classe moyenne à se maintenir en centre-ville qui est posée. L'amorce d'un processus d'exclusion des professions intermédiaires (voir ci-contre) du cœur du Bassin parisien sonne comme un avertissement très sérieux, tant cette catégorie symbolise à elle seule la « classe moyenne ».
Ainsi, depuis 1982, leur part dans la population active de la ville de Paris a progressé de moins de 20 %, contre près 60 % pour les cadres supérieurs. Comme pour les classes populaires, les prix de l'immobilier deviennent rédhibitoires, ce qui se traduit aussi par la forte augmentation de cette catégorie dans le logement social parisien.

ÉVOLUTION DES CADRES SUPÉRIEURS À PARIS

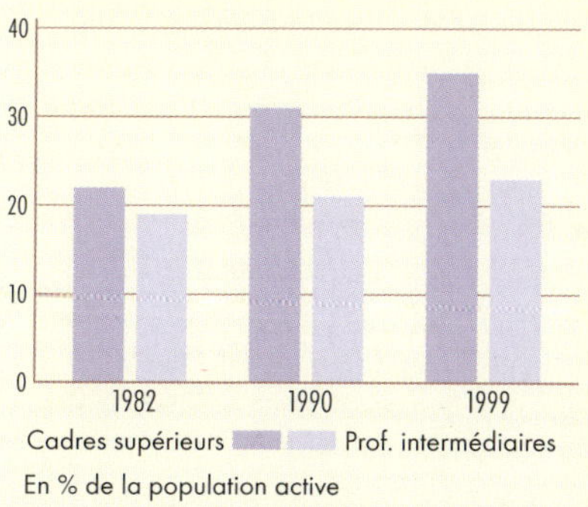

En % de la population active

Source : Insee - RGP 1982, 1990, 1999

QUESTION DE DÉFINITION
Quelles sont les professions des couches intermédiaires ?

SECTEUR PUBLIC. *Éducation :* instituteur, professeur des écoles, professeur des collèges, professeur de lycée professionnel, surveillant et aide-éducateur des établissements d'enseignement.
Santé et social : moniteur d'école de conduite, formateur et animateur de formation continue, moniteur et éducateur sportif, sportif professionnel, infirmier, sage-femme, technicien médical, spécialiste de l'appareillage médical, préparateur en pharmacie, cadre de l'intervention socio-éducative, assistant de service social, éducateur spécialisé, moniteur éducateur.
Autre secteurs publics : personnels administratifs de catégorie B de l'État et des collectivités locales ; inspecteur et officier de police.
SECTEUR PRIVÉ. Maîtrise et technicien des services financiers, technicien commercial et technico-commercial, représentant en informatique, agent de maîtrise, contremaître.

LA RARÉFACTION DU LOGEMENT POUR

Le logement social et le logement inconfortable (pas de chauffage, pas de sanitaires, etc.) constituent deux réserves de logements à bas loyer susceptibles d'accueillir et donc de maintenir les couches populaires au cœur des villes. En effet, ces deux segments du parc de logement échappent au moins en partie aux logiques inflationnistes du marché de l'immobilier, d'autant plus influentes que l'un et l'autre ont une localisation centrale dans les villes. Mais ils sont eux-mêmes difficiles d'accès ou menacés de disparition.

Le logement social : des difficultés d'accès croissantes

INSUFFISANT ET IMMOBILISÉ. Le logement social constitue un parc d'accueil privilégié pour les employés et les ouvriers, dont plus d'un quart y est logé. Toutefois, ce parc compte au total 4 millions de logements, alors que les seuls ouvriers et employés sont plus de 7 millions de ménages. Les logements HLM enregistrent par ailleurs une forte baisse de la mobilité. C'est-à-dire que le nombre de locataires quittant leur logement régresse. Cette tendance tient à la fois, dans les quartiers valorisés, par exemple du centre-ville, au maintien de ménages qui trouvent là un certain avantage en termes de loyers et, dans les quartiers moins valorisés, à des ménages qui n'ont pas d'autres possibilités. Rente de situation pour la première, population captive pour la seconde. Ce qui se traduit par un vieillissement de la population.

PAUPÉRISÉ. Finalement, cela entraîne une baisse de l'offre annuelle, et donc des difficultés accrues d'accès au logement pour les ménages modestes. Le parc social tend alors à se spécialiser dans l'accueil des populations précaires ou pauvres, alors que 60 % des ménages français ont des revenus leur permettant théoriquement d'accéder au parc social. C'est ce phénomène qui explique la paupérisation du parc social et, localement, la concentration des populations étrangères souvent économiquement les plus fragiles.

VERS LA DÉMOLITION ? Les politiques de démolition engagées depuis une dizaine d'années renforcent cette pénurie de logements sociaux dans les pôles urbains, car les reconstructions sont plus dispersées pour répondre au souci d'équilibre social et donc plus éloignées. Les démolitions spectaculaires sont le signe de la disparition de quartiers « ghettos » dévalorisés et fortement stigmatisés, mais aussi de la réduction d'un parc aux loyers adaptés aux populations modestes.

LOGEMENT SOCIAL HLM

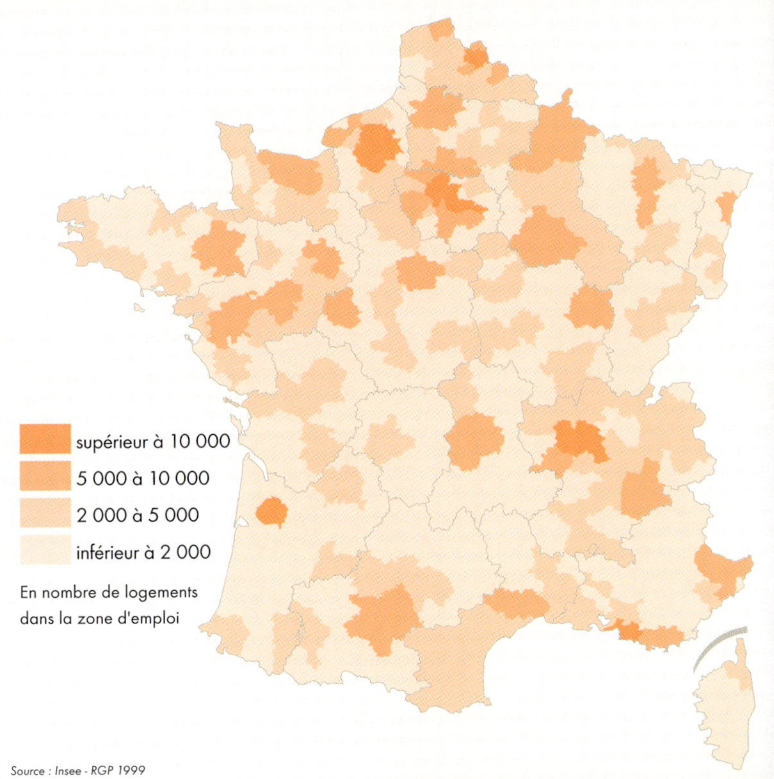

Source : Insee - RGP 1999

ÉVOLUTION DES DÉMOLITIO

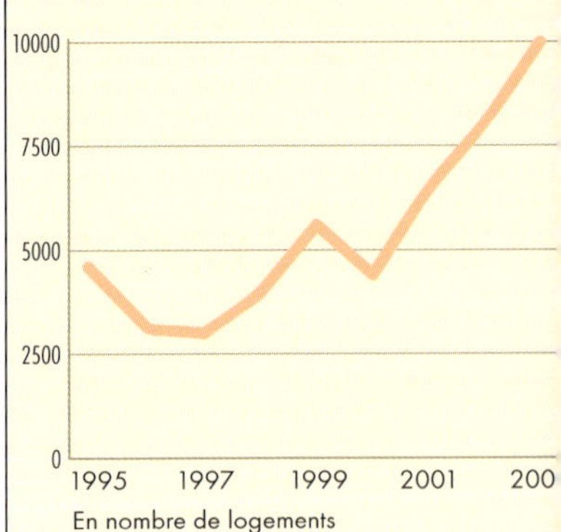

Source : ministère du Logeme

LES COUCHES POPULAIRES

Le parc inconfortable : une spécialisation dans l'accueil des populations immigrées

Le parc privé accueillant des populations modestes tend, quant à lui, à disparaître, comme en témoigne l'évolution du nombre de logements en loyers « loi 1948 » (loyers encadrés dont la réactualisation est très lente). Ces logements localisés majoritairement dans les anciens quartiers ouvriers ont été soumis à un double mouvement d'amélioration : les opérations publiques d'amélioration de l'habitat (Opah) et la réhabilitation spontanée par les ménages intermédiaires ou aisés s'installant dans ces quartiers.

Les quartiers anciens ayant échappé, pour le moment, à ce mouvement de rénovation se spécialisent dans l'accueil des populations immigrées, notamment celles arrivées récemment. Ils tendent à former des enclaves ethniquement marquées au sein des agglomérations. Mais ces secteurs connaissent pour certains une évolution « à l'américaine », la spécialisation ethnique du quartier se traduisant par une moindre augmentation des prix de l'immobilier. Cette différence dans le taux de croissance des prix accentue l'écart à la moyenne et, finalement, rend le quartier attractif pour des promoteurs immobiliers qui rachètent, démolissent et reconstruisent.

> **« *La quasi-disparition, ces dix dernières années, du parc locatif privé à bas loyer a accru les difficultés des ménages les plus fragiles.* »**
> CHRISTINE GARIN, *LE MONDE*, 11 DÉCEMBRE 1998.

LOCATIF PRIVÉ BON MARCHÉ

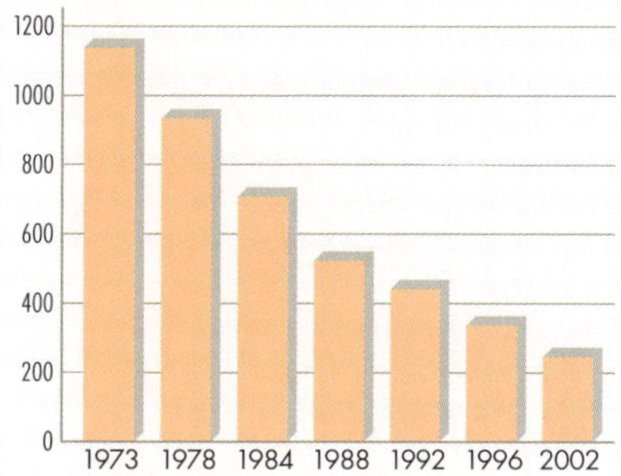

En milliers de logements en loi de 1948

Source : Fondation Abbé Pierre

LOGEMENT INCONFORTABLE

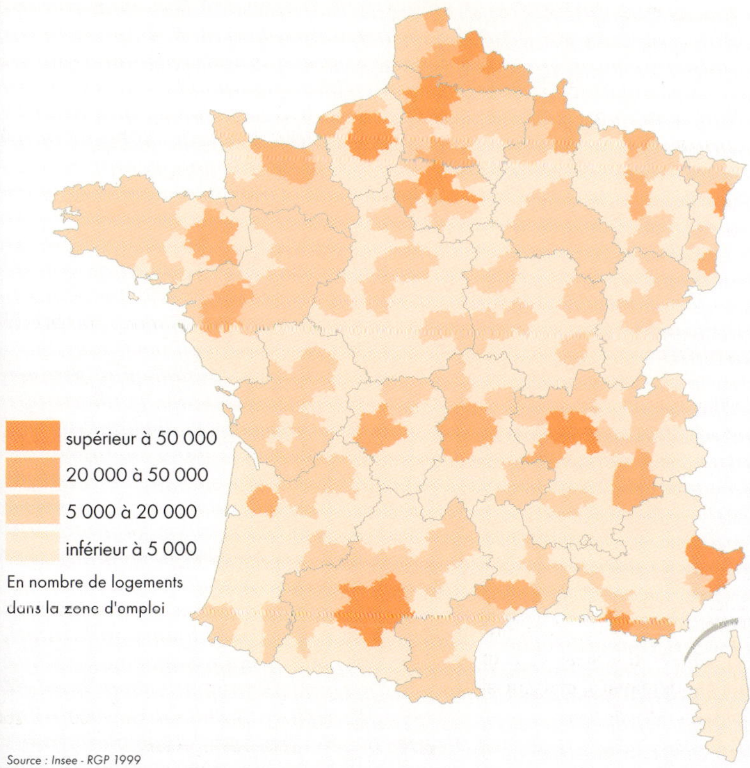

Source : Insee - RGP 1999

Tant le parc privé inconfortable que les logements HLM sont majoritairement localisés dans le centre des agglomérations.

POUR LE PARC INCONFORTABLE, il y a une forte relation entre époque de construction et inconfort. Le parc inconfortable se situe dans les quartiers anciens et centraux. Le parc social est généralement moins central et se situe en périphérie des grandes villes ou dans les banlieues proches.

LES HLM HORIZONTALES. Au total, les pôles urbains regroupent plus de 80 % du parc social. Au cours des dix dernières années, la production de logement social s'est réorientée, d'une part, vers les maisons individuelles et, d'autre part, vers les secteurs périurbains. L'adéquation entre immeubles collectifs et HLM est de moins en moins vraie ; on parle alors d'HLM « horizontale ».

LES LOYERS DU PARC SOCIAL. Cette évolution n'est pas sans conséquences, car le loyer du parc social ancien est en moyenne deux fois inférieur à celui de ces constructions HLM nouvelles. Ainsi, à Paris, les loyers des HLM anciens sont trois fois moins élevés que ceux du logement privé. En périphérie, une maison HLM affiche un loyer inférieur de seulement 50 % aux loyers du marché privé. L'aide au logement versée aux ménages du parc social n'intègre que partiellement cette différence : un ménage modeste dans une HLM ancienne aura un loyer à payer après allocation proche de zéro ; dans une maison individuelle HLM, il devra assurer près de 50 % du montant du loyer. Il y a là encore une dynamique ségrégative interne au parc social.

Les mutations de la société française s'accompagnent d'un recul de la mixité sociale et donc d'un renforcement des oppositions sociales entre territoires. À l'exception notable des étrangers, les couches populaires tendent à disparaître des centres et à se diluer de plus en plus dans les périphéries urbaines et rurales. Le grégarisme social des couches supérieures est confirmé, ces dernières se concentrant à près de 80 % dans les centres.

POPULATIONS DES CENTRES

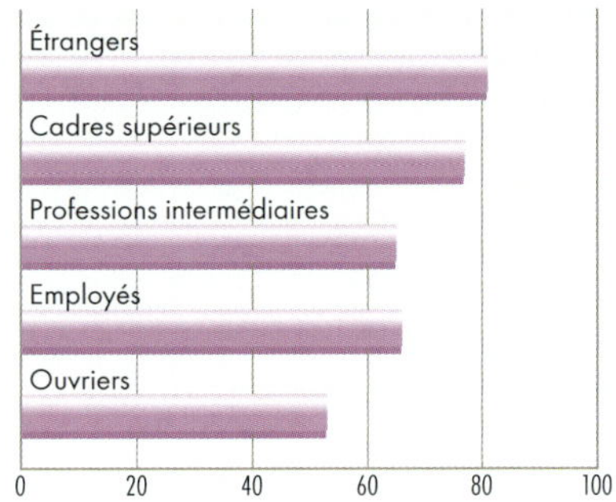

En % de la population considérée

Source : Insee - RGP 1999

Au centre : la ville duale

Le terme de « ville duale » exprime le profil contrasté du centre des agglomérations.

Gentrification des centres. Les centres des villes accueillent de longue date les catégories les plus aisées de la population, la bourgeoisie traditionnelle et, plus récemment, les nouvelles classes tertiaires aisées. Elles s'installent principalement dans les anciens quartiers ouvriers, où elles remplacent progressivement la population, ce qui donne aussi l'illusion d'une mythique mixité sociale. En effet, dans les quartiers les plus avancés dans ce processus de gentrification, l'éviction des couches populaires est définitive. La mixité sociale n'a été que le stade intermédiaire d'une dynamique de recomposition sociale qui s'étend désormais aux proches banlieues.

Populations immigrées. Des îlots font toutefois résistance, le parc de logements inconfortables, refuge pour les populations modestes. Ces quartiers tendent à accueillir majoritairement les populations immigrées, notamment récemment arrivées. Le parc social, même s'il n'est pas à l'abri d'une certaine uniformisation dont témoigne l'augmentation, dans les centres-villes, des professions intermédiaires et des cadres, constitue l'autre pôle de résistance. Se retrouvent donc au centre à la fois les populations les plus aisées et les fractions les plus fragilisées de la population ; c'est la ville duale.

> *« Il en va du périurbain comme des grands ensembles d'habitat social. Ils posent la question de la place du peuple dans la ville contemporaine. »*
> Philippe Estève, « La ville à trois vitesses », *Esprit* n° 303, mars-avril 2004.

LA RELÉGATIO

Étrangers

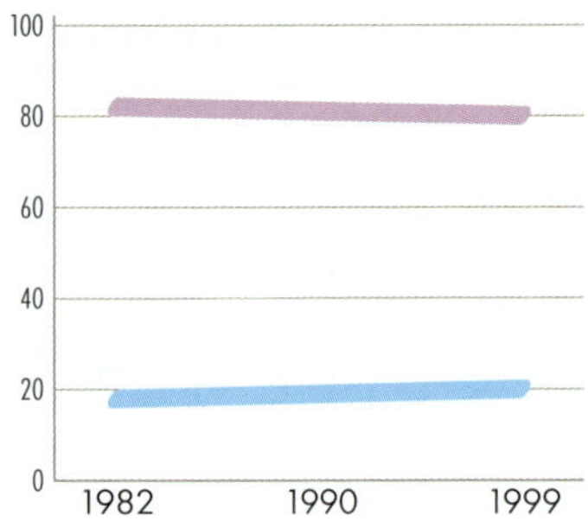

Cadres supérieurs

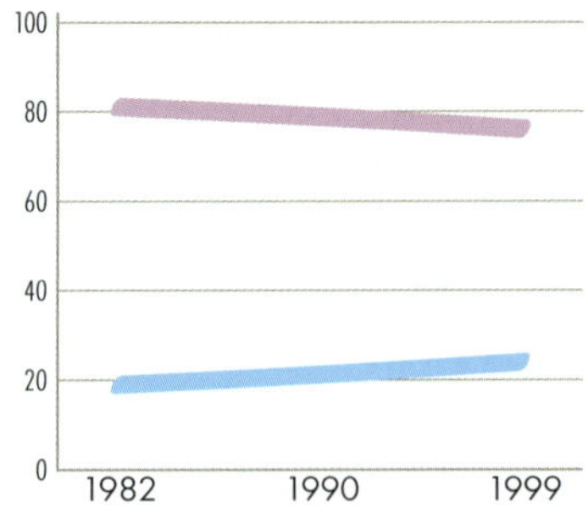

Professions intermédiaires

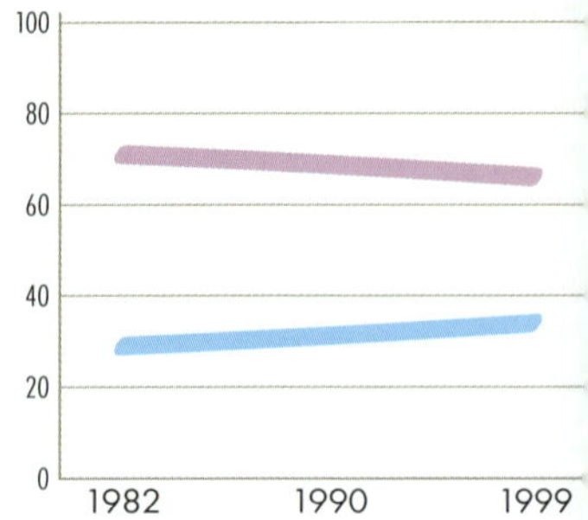

DES TERRITOIRES : BILAN

UNE SÉGRÉGATION DÉMOGRAPHIQUE

Cette ségrégation sociale se double d'une ségrégation démographique. L'exiguïté et le coût des logements des centres favorisent l'accueil de petits ménages – personnes seules ou couples sans enfant. Cette concentration est renforcée par le fait que ces ménages sans enfant et jeunes sont consommateurs des équipements culturels et des occasions de sorties offerts par la ville. En particulier pour les ménages aux revenus moyens, *a fortiori* modestes, la naissance d'un enfant impose souvent un départ en banlieue. Paris offre un exemple exacerbé avec la moitié des logements occupés par une personne seule. À l'inverse, dans les périphéries, l'offre de logement, moins coûteuse et constituée de logements plus vastes, favorise l'accueil de familles. Enfin, la forte proportion de petits ménages dans l'espace rural s'explique par le nombre important de personnes âgées isolées.

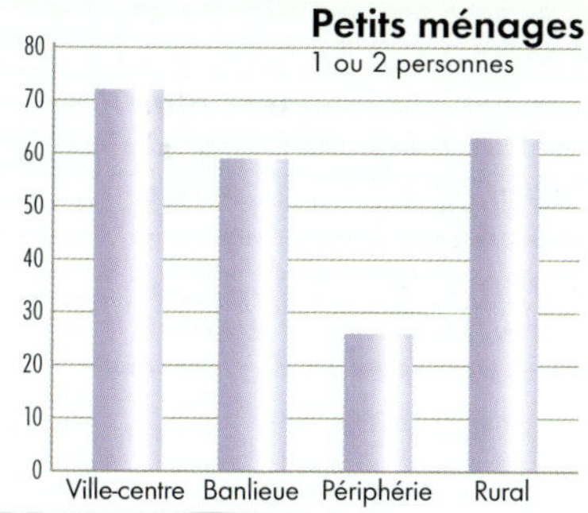

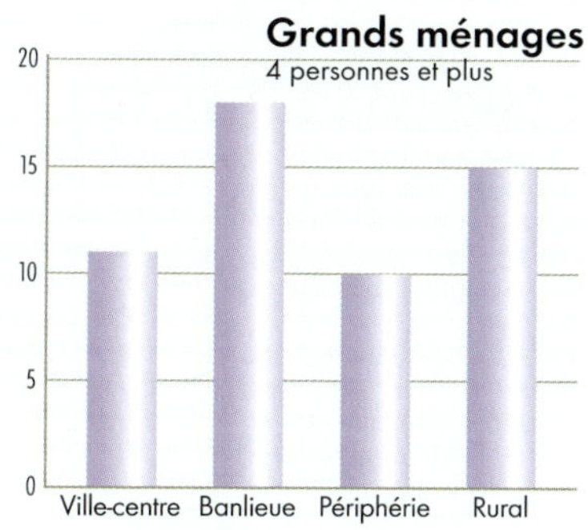

En % des ménages

Source : Insee - RGP 1999

En périphérie, les couches populaires déclassées

Les dynamiques d'exclusion éliminent progressivement couches populaires et même moyennes des centres-villes. Se déplacent vers les périphéries urbaines d'abord les ouvriers, ensuite les employés et, dans une moindre mesure, les professions intermédiaires. Les catégories les plus modestes migrent vers les secteurs ruraux.

Le parc privé décent du centre ville est devenu inabordable pour ces populations. Le parc social trop dévalorisé est difficile d'accès. L'accession à la propriété en périphérie est, de fait, la dernière alternative au prix d'un éloignement toujours plus important de l'emploi, des équipements, de l'offre commerciale diversifiée... Exclues des centres-villes, ces populations le sont aussi du discours politique qui décrit une France supposée moyenne des centres-villes aux cités HLM dévalorisées.

POPULATIONS DANS LES PÉRIPHÉRIES

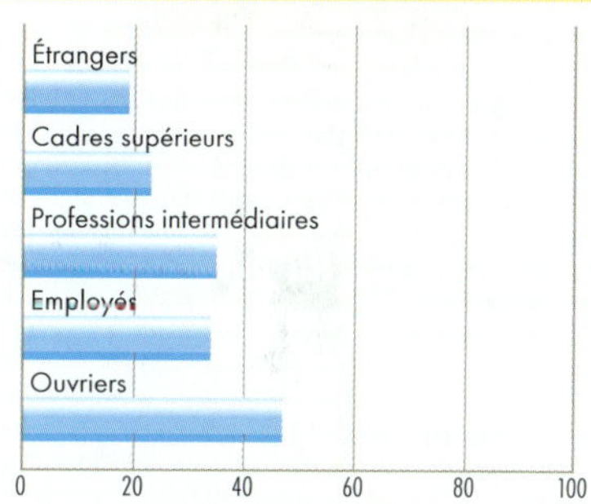

En % de la population considérée

Source : Insee - RGP 1999

EN PÉRIPHÉRIE

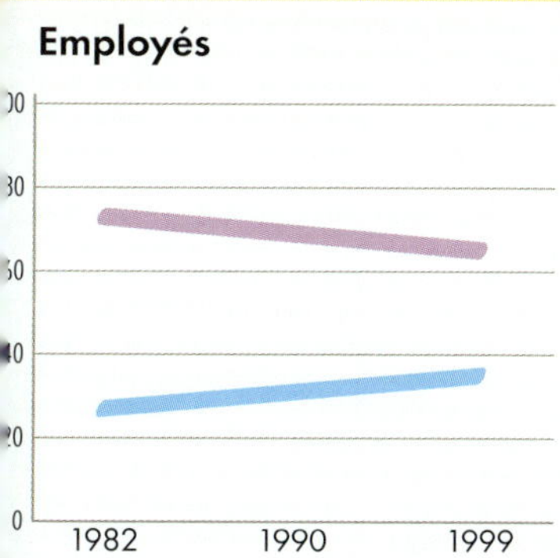

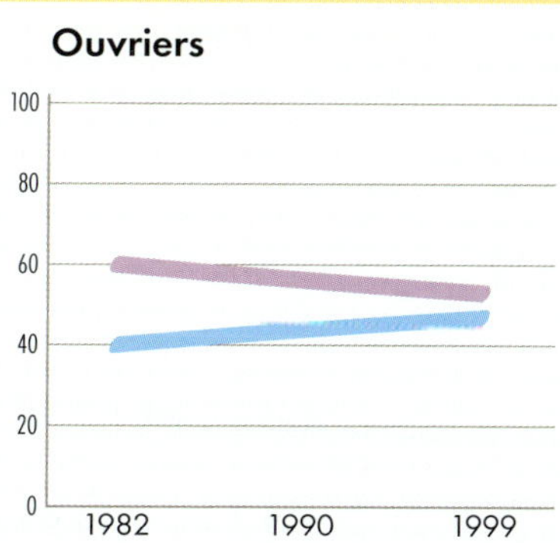

En % de la catégorie considérée

Source : Insee - RGP 1982, 1990, 1999

LA GÉOGRAPHIE DES REVENUS MODESTES

Les disparités de revenus entre les habitants des différents territoires tendent à s'accroître, notamment à l'intérieur des aires urbaines. Cette analyse repose sur les écarts entre des extrêmes opposant, par exemple, des communes huppées aux quartiers pauvres. Cette approche introduit, a contrario, l'idée de « territoire à revenu moyen majoritaire », les territoires des classes moyennes. L'approche des disparités de revenus à partir du revenu médian, en dessous duquel se situe la moitié des Français, révèle une France des revenus modestes majoritaire en périphérie des métropoles.

REVENUS MENSUELS DES MÉNAGES

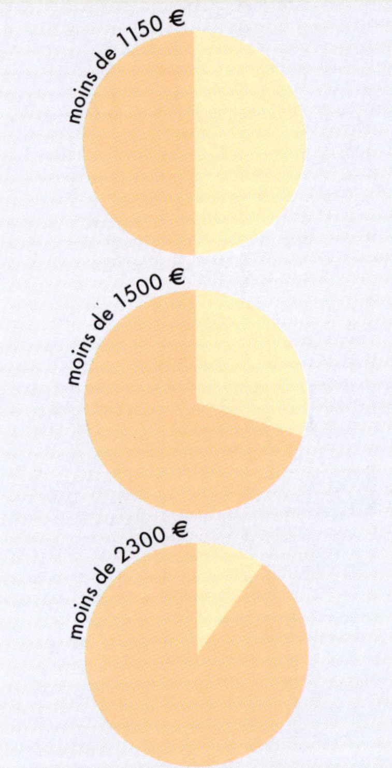

Revenu par unité de consommation* en % des ménages

* Voir glossaire

Source : DGI 2000

> *Le nombre de salariés peu rémunérés, de chômeurs, de précaires, [...] n'a évidemment pas diminué au cours de ces deux dernières décennies.*
>
> P. CONCIALDI, J. GADREY, M. MARIC, C. LÉVY, « COHÉSION SOCIALE : DES POLITIQUES À L'AVEUGLETTE », *LE MONDE*, 2 JUILLET 2004.

REVENUS MOYENS PAR TYPE D'ESPACE

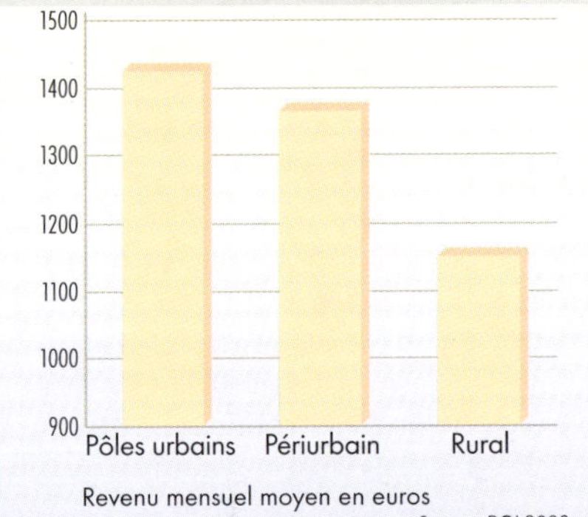

Revenu mensuel moyen en euros

Source : DGI 2000

La mesure des revenus

Il s'agit des revenus imposables, donc hors allocations non soumises à l'imposition. Le revenu du ménage est divisé par le nombre d'unités de consommation (UC), soit 1 pour une personne seule, 0,5 par personne de plus de 14 ans et 0,3 pour les enfants de moins de 14 ans. Le revenu médian est celui qui partage la population en deux groupes égaux, la moitié gagnant moins, l'autre plus.

ÉVOLUTION DES SALARIÉS PAUVRES

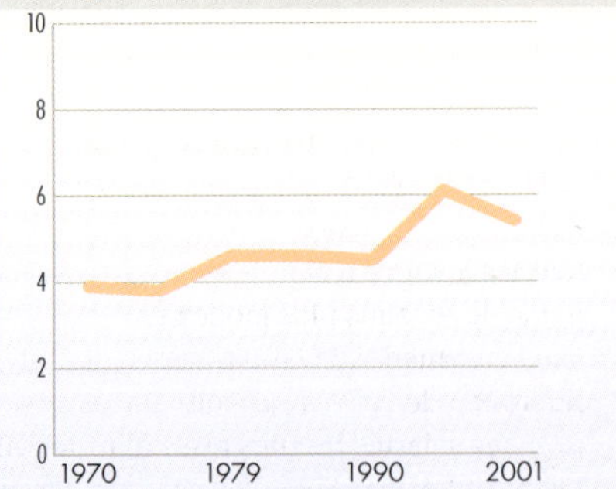

En % des ménages salariés

Source : Observatoire national de la pauvreté

Bas salaires et précarité

La moitié des ménages disposent d'un revenu inférieur à 1 160 euros en 2000 (voir ci-dessous « La mesure des revenus »). 30 % disposaient d'un revenu inférieur à 840 euros et seulement 10 % des ménages est au-dessus de 2 300 euros par mois.

UN MILLION DE TRAVAILLEURS PAUVRES. Le développement des emplois précaires a créé un nouveau type de travailleur, le « travailleur pauvre ». Pour ce salarié, qui travaille parfois à plein temps, l'emploi ne permet plus de subvenir à ses besoins. En 2001, l'Insee recensait un million de travailleurs pauvres, dont 60 % avaient exercé une activité tout au long de l'année. Les bas salaires concernent en priorité les personnes à temps partiel, femmes du secteur tertiaire et jeunes, et les emplois les moins qualifiés : employés des services et du commerce, ouvriers non qualifiés.

LE MONDE DU TRAVAIL EXCLUT. Une nouvelle fracture se dessine donc, au cœur du monde du travail, entre un travail intégrateur et un travail précaire, qui enferme les salariés dans la spirale de la régression sociale. Le monde du travail n'est donc plus la garantie d'une intégration sociale...

LES SEUILS DE PAUVRETÉ. 6 % des ménages, soit 3,5 millions de personnes, vivent sous le seuil de pauvreté, contre 15 % en 1970. Cette trompeuse amélioration est en fait liée à la réduction de la pauvreté chez les retraités. En effet, sur la même période, la part des ménages salariés pauvres est passée de 4 à 5,4 % des ménages. À souligner qu'avec la définition de l'Union européenne pour laquelle le seuil de pauvreté est moins restrictif, la part des ménages concernés par la pauvreté en France est de 12 %, soit plus de 7 millions de personnes.

LES REVENUS MODESTES EN FRANCE

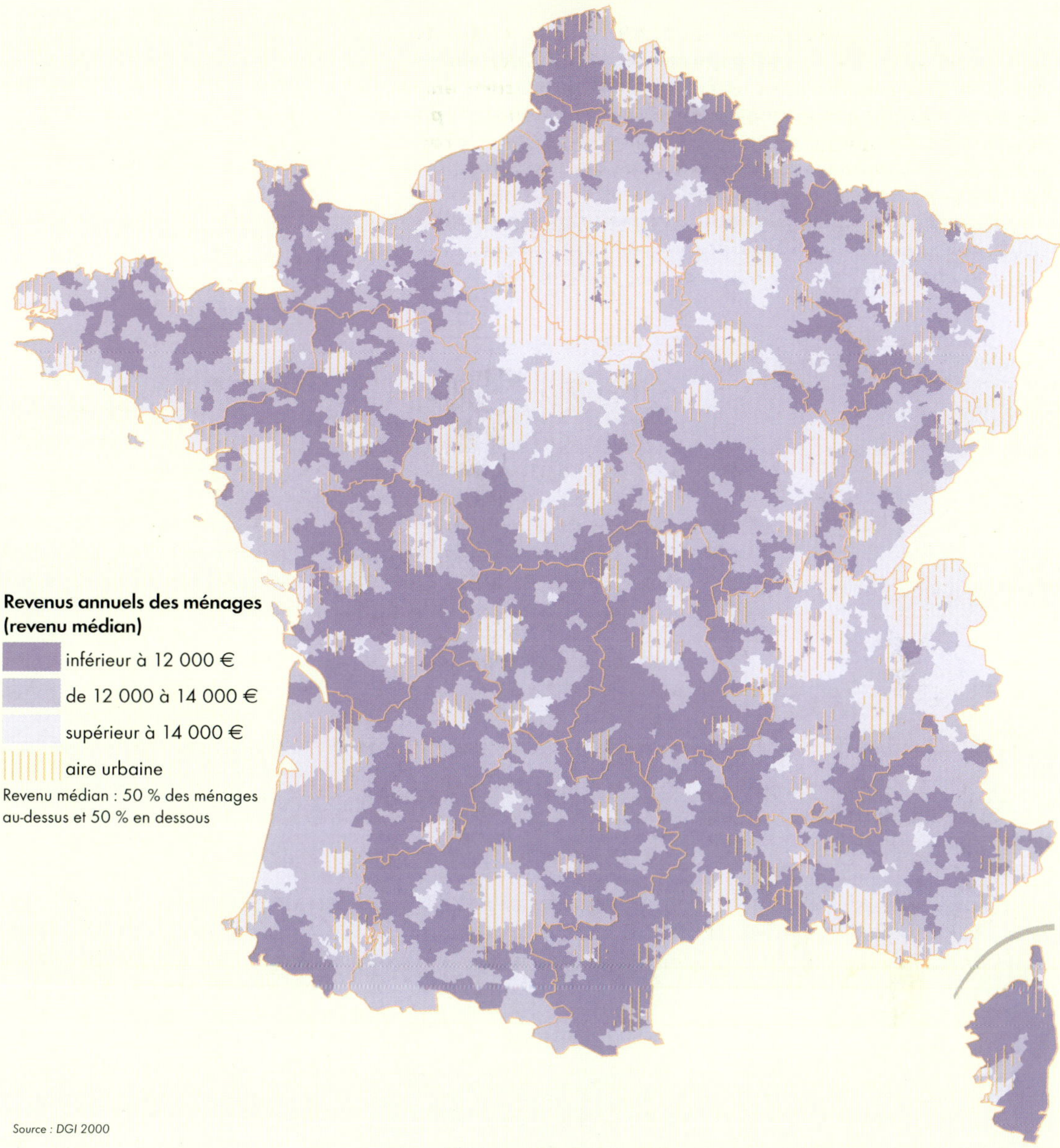

Source : DGI 2000

Les personnes modestes habitent en périphérie

La France des personnes modestes est la France périphérique : celle des espaces périurbains et ruraux. Si on exclut l'impact de l'emploi transfrontalier alsacien, les inégalités de revenus opposent moins les régions entre elles que les villes-centres et leurs périphéries. Hormis les villes du Nord - Pas-de-Calais, les aires urbaines affichent des niveaux de revenus supérieurs à la moyenne, sauf parfois dans leurs marges, comme à Toulouse ou à Bordeaux. Ainsi, l'éloignement du centre est synonyme de revenus plus modestes.

Contrairement à la situation qui a prévalu jusqu'en 1960, ce n'est pas la faiblesse du niveau de vie des agriculteurs qui pèse dans cette répartition mais la concentration des salariés les plus aisés dans les villes et le rejet des classes modestes dans les périphéries. Ainsi, les espaces ruraux sont aujourd'hui des espaces habités majoritairement par les ouvriers.

DES QUARTIERS SENSIBLES AU CŒUR

La « crise des banlieues » est devenue un thème médiatique. Loin d'être une réalité pour l'ensemble des banlieues, elle concerne en fait des quartiers précarisés, enclavés dans des métropoles embourgeoisées. Construits à la périphérie des grandes villes dans les années 1960, ces quartiers sensibles sont aujourd'hui au cœur des agglomérations en raison de l'étalement urbain. Ces territoires, zones urbaines sensibles (ZUS, voir glossaire p. 63), concentrent l'essentiel de l'intervention publique au travers des politiques de la ville.

LES ZUS : PROFIL SOCIAL DES HABITANTS

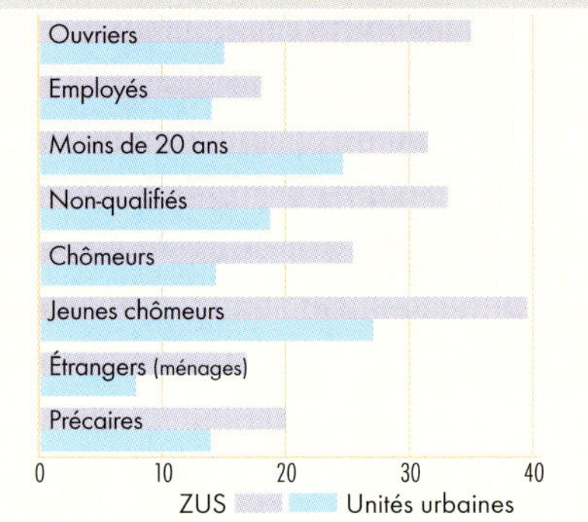

En % de la population — Source : Insee - RGP 1999

Les chômeurs de plus de 40 ans ignorés

Si le chômage est plus fort pour toutes les classes d'âge dans les ZUS (zones urbaines sensibles), c'est pour les plus de 40 ans que cet écart est le plus marqué. Cette situation est d'autant plus préoccupante que ces ouvriers et employés sont peu qualifiés. Le retour à l'emploi de ces populations, sur un marché de l'emploi métropolitain tourné vers les emplois très qualifiés, est plus qu'incertain.
Dans le même temps, le nombre de jeunes chômeurs tend à régresser dans les ZUS (moins 12 % entre 1990 et 1999). Mais l'ensemble des discours et des politiques publiques continue de se polariser sur la seule question de « l'intégration des jeunes ». La question centrale, autrement plus complexe, de la place des couches populaires peu qualifiées dans les grandes métropoles reste totalement occultée.

Du quartier d'habitat social à l'enclave sociale

Les ZUS sont le plus souvent des quartiers d'habitat social ou, moins fréquemment, d'habitat ancien dégradé. Dans ces quartiers à forte majorité populaire, les ouvriers et employés représentent 65 % de la population et se caractérisent par la concentration des difficultés sociales : échec scolaire, chômage, pauvreté... Ainsi, plus d'un actif sur quatre y est chômeur. L'écart se creuse entre les caractéristiques de ces quartiers et les villes dans lesquelles ils se localisent. Par exemple, quand le chômage progressait de 24 % entre 1990 et 1999 dans les unités urbaines, les ZUS ont enregistré une hausse de 34 %. Ce phénomène de décrochage n'est pas récent.

DANS LES ANNÉES 1970, les quartiers d'habitat social, pour une grande part construits récemment, ont d'abord accueilli des populations modestes mais diversifiées, de l'ouvrier aux jeunes ménages des catégories moyennes. Mais, dans le même temps, les ménages d'actifs accèdent à la propriété grâce à des aides de l'État mises en place à la même époque ; les populations les plus solvables ont donc quitté ces quartiers pour accéder à la propriété (voir p. 34-35). La crise de l'industrie a, par ailleurs, provoqué un chômage massif et durable qui a particulièrement touché les ouvriers, fortement représentés dans ces quartiers.

DEPUIS LE DÉBUT DES ANNÉES 1980, la crise est renforcée par l'arrivée massive de populations très fragilisées. En effet, à cette époque, les pouvoirs publics, face à la résurgence de situations de pauvreté, décident d'ouvrir plus largement les logement sociaux aux populations les plus précaires. Le décret de mars 1986 relatif aux attributions met ainsi l'accent sur la nécessité d'accueillir prioritairement les familles nombreuses, monoparentales, les jeunes, les handicapés et fait pour la première fois référence à la nationalité et aux conditions de regroupement des étrangers. Il s'agit donc à la fois d'accueillir les populations précaires et de viser à l'équilibre social, deux objectifs contradictoires...

CHÔMAGE : D'ABORD LES PLUS DE 40 ANS

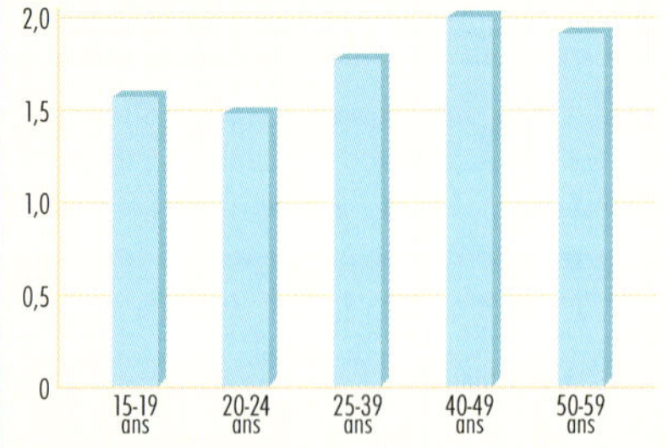

Rapport entre le taux de chômage dans les ZUS et celui des pôles urbains. Ex. : le taux de chômage est deux fois plus élevé pour les 40-49 ans dans les ZUS que dans des pôles urbains. Source : Insee - RGP 1999

> *« Devant le manque de terrains et la bonne santé du marché immobilier, quelques promoteurs s'intéressent à des zones difficiles dans les banlieues des grandes métropoles régionales. »*
> LE MONDE, 23 MARS 2003.

DES MÉTROPOLES EMBOURGEOISÉES

Les ZUS et la politique de la ville

Les zones urbaines sensibles sont les quartiers définis comme prioritaires pour la mise en place des politiques de la ville qui visent à réduire la distance sociale les séparant de leur environnement.

DÉFINIR LES ZUS. Ces politiques, initiées dès 1970, s'appuient sur un principe de « discrimination positive » appliquée aux territoires. Elles supposent donc d'identifier, de sélectionner et de délimiter les quartiers concernés. En 1999, la France compte plus de 700 quartiers classés en ZUS qui regroupent 8 % de la population totale. Les principaux critères statistiques sont les taux de chômage, l'échec scolaire, la part des moins de 20 ans et la part de la population étrangère.

LES ZUS AU CENTRE DES VILLES

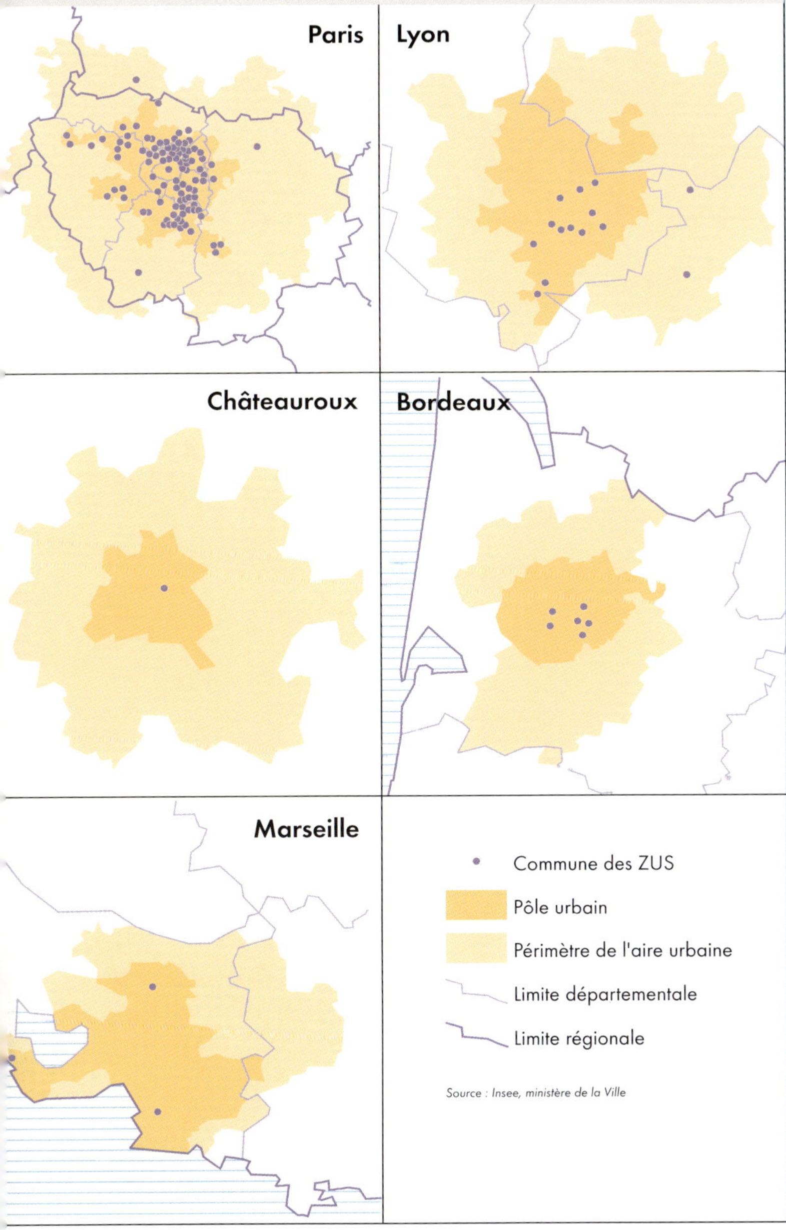

POLITIQUE SOCIALE OU POLITIQUE URBAINE. Moins que la réduction de la fracture sociale, qui supposerait d'intervenir en direction de tous les publics fragiles, la politique de la ville traite les quartiers qui concentrent les difficultés et donc se désolidarisent de leur environnement. Le vocabulaire pour qualifier ces quartiers témoigne de cette logique : ghetto, quartiers à la dérive, zone de non-droit ou de relégation... Depuis sa mise en place en 1970, la politique de la ville a évolué de l'animation sociale à la rénovation urbaine, puis vers l'insertion par l'emploi pour finalement aboutir aux opérations de renouvellement urbain, c'est-à-dire la démolition.

UNE SPIRALE NÉFASTE. La surmédiatisation des démolitions de grands ensembles, alors que des immeubles anciens ou des pavillons sont détruits quotidiennement, fait écho à la médiatisation des quartiers sensibles et de leurs difficultés. Et c'est bien souvent le seul angle d'approche de la question sociale. Les destructions d'immeubles apparaissent comme un traitement symbolique de la question sociale, alors même que l'essentiel des relogements a lieu sur place et que, plus important, les acteurs et habitants sont souvent critiques. 200 000 logements sont encore promis à la démolition... dans un contexte de pénurie de logements sociaux.

Du fait de l'embourgeoisement des pôles urbains et du renchérissement de l'immobilier, ces quartiers deviennent particulièrement attractifs du fait qu'ils se trouvent à proximité des centres des agglomérations. Cette pression foncière devrait provoquer d'autres restructurations radicales.

Les villes nouvelles ont été conçues dans les années 1960, au moment où, en France, le développement des classes moyennes salariées accréditait la thèse d'une uniformisation de la société, en termes de revenus par exemple. Ces zones souhaitées et pilotées par l'État constituaient une réponse au développement chaotique des banlieues, pavillons ou grands ensembles. Or les villes nouvelles n'ont pas empêché l'étalement urbain et sont aujourd'hui menacées par un processus de précarisation.

Une utopie urbaine

C'est au début des années 1960 qu'est née en France la politique des villes nouvelles. L'objectif est alors d'offrir une alternative aux deux principales formes d'urbanisation de l'époque, les fameux « pavillons de banlieue » et les grands ensembles, qui déjà montrent leurs limites. La première en raison de son caractère désordonné, de la forte consommation d'espace qu'elle induit et du sous-équipement, la seconde en raison des problèmes sociaux.

LE PROJET SOCIAL. Le principe, inspiré des expériences anglaises, est la création de pôles urbains situés à 20 ou 30 kilomètres du centre des agglomérations et ayant pour fonction d'absorber l'essentiel de la croissance démographique des grandes agglomérations ; c'est le principe de « polycentrisme ». Les villes nouvelles ont pour but de constituer des pôles d'emploi et d'équipements, cherchant ainsi à limiter le développement des déplacements entre habitat et travail. Cette mixité fonctionnelle est associée à un objectif de mixité sociale : les villes nouvelles doivent être socialement diverses, contrairement aux grands ensembles.

LES DIMENSIONS FONCTIONNELLES. Le dispositif est complété par une ceinture verte, secteur situé entre l'agglomération centrale et les villes nouvelles, et dont le caractère naturel est préservé. Les villes nouvelles sont reliées au centre par des axes autoroutiers, complétés, en Île-de-France, par le réseau ferroviaire RER. Ces villes nouvelles, véritable expérience urbaine, vont aussi constituer un laboratoire pour l'architecture contemporaine, en grande partie exclue des centres historiques protégés.

LE PRINCIPE DU « POLYCENTRISME »

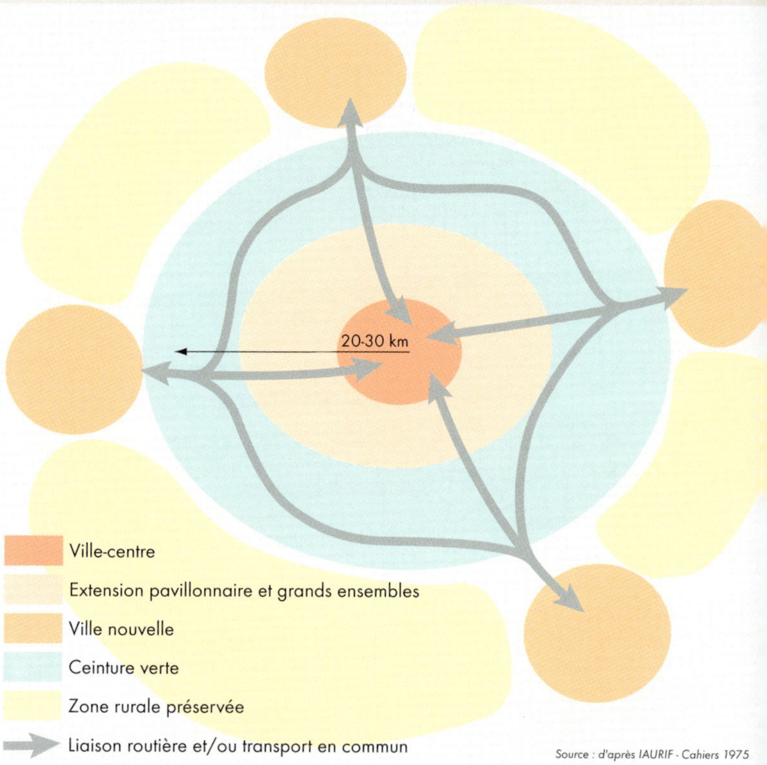

Source : d'après IAURIF - Cahiers 1975

> ***Les villes nouvelles d'Île-de-France entrent dans une période de turbulences.***
> CHRISTOPHE DE CHENAY, *LE MONDE*, 29 JANVIER 1998.

CHEC D'UNE UTOPIE URBAINE

LA POPULATION DES CADRES

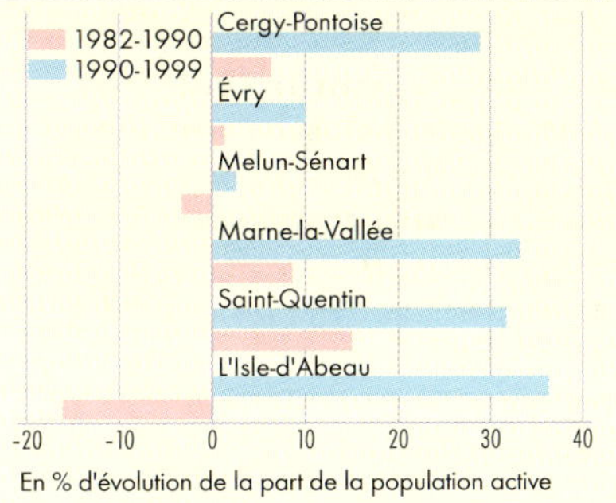

Source : Insee - RGP 1982, 1990, 1999

Un bilan mitigé

Les villes nouvelles comptent aujourd'hui près d'un million d'habitants. Malgré des situations contrastées, elles constituent donc des pôles urbains importants, mais ce bilan est bien en deçà des perspectives initiales, notamment pour Évry, Le Val-de-Reuil et L'Isle-d'Abeau. Le nombre d'habitants des villes nouvelles est faible au regard des investissements qu'elles ont nécessités pour l'acquisition des terrains et la réalisation des équipements. Elles n'ont par ailleurs en rien empêché le développement périurbain et pavillonnaire.
Enfin, leur développement s'est bien traduit par l'émergence de nouveaux pôles d'emplois, Marne-la-Vallée est par exemple le troisième pôle d'emploi tertiaire de la région Île-de-France, mais seulement 4 actifs sur 10 y résident.

LES VILLES NOUVELLES

	nombre de communes	population en 1999
Cergy-Pontoise	11	178 656
Évry	4	79 726
Marne-la-Vallée	26	246 607
Melun-Sénart	10	93 069
Saint-Quentin-en-Yvelines	7	142 737
Total Île-de-France	**58**	**740 795**
L'Isle d'Abeau	5	38 769
Étang-de-Berre	4	112 225
Total province	9	150 994
Total villes nouvelles	**67**	**891 789**
Le Val-de-Reuil	1	3 438
Villeneuve-d'Ascq	1	65 042
Total anciennes villes nouvelles	**2**	**68 480**

Source : ministère de l'Équipement - 2003

OÙ SONT LES VILLES NOUVELLES ?

Neuf villes nouvelles ont été initialement créées, dont cinq en Île-de-France. En province, L'Étang-de-Berre, à l'ouest de Marseille, L'Isle-d'Abeau, entre Lyon et Grenoble, ont conservé le statut de ville nouvelle jusqu'à aujourd'hui. Deux autres villes nouvelles provinciales ont depuis perdu ce statut : Le Vaudreuil, rebaptisé Val-de-Reuil, entre Rouen et Paris, et Villeneuve-d'Ascq, à l'est de Lille.

Des évolutions récentes inquiétantes

Entre 1990 et 1999, les villes nouvelles ont enregistré un net ralentissement de leur croissance démographique. Désormais, la moitié d'entre elles ont un solde migratoire négatif, c'est-à-dire plus de départs que d'arrivées. Le nombre de constructions neuves a diminué en raison du manque d'espace et le cycle de croissance est en train de s'achever.

DES VILLES QUI SE VIDENT. Les inquiétudes viennent surtout des évolutions sociales. Entre 1982 et 1990, les villes nouvelles avaient enregistré une hausse de 25 % de la part des cadres supérieurs dans la population active, cette part n'a été que de 6 % entre 1990 et 1999. Dans le même temps, le nombre de logements inoccupés augmente et le revenu des nouveaux emménagés est en moyenne inférieur à celui des occupants. Deux phénomènes expliquent cette dynamique encore timide mais qui pourrait aboutir à une paupérisation généralisée.
Dans les centres, autour des gares et des équipements, c'est le logement social qui enregistre l'arrivée de populations de plus en plus précaires. Les immeubles collectifs privés se dégradent et les populations moyennes et supérieures tendent à partir.

PAUPÉRISATION. Dans les périphéries, plus récentes, l'habitat pavillonnaire connaît localement des phénomènes de paupérisation et, parfois, de regroupement ethnique. En effet, les lotissements bon marché ont attiré des populations modestes et le profil social de ces quartiers tend à se rapprocher de celui des grands ensembles avec les mêmes symptômes : augmentation du chômage, délinquance, difficultés sociales, etc. Les évolutions restent encore discrètes mais inquiètent sur le devenir de ces villes qui constituaient une proposition alternative au développpement chaotique des zones périurbaines et avaient un objectif de mixité sociale.

LE PAVILLON : ASCENSION SOCIALE OU DÉ

Ils ont fui les quartiers de logements sociaux pour accéder au rêve de la classe moyenne : l'accession à la propriété. À l'arrivée, la relégation toujours, la précarité parfois et le sentiment d'une fin de partie pour les classes moyennes salariées. Violemment touchées par la précarisation de l'emploi privé, parfois surendettées, les couches populaires des lotissements bas de gamme constatent que les pouvoirs publics sont absents de ces espaces particulièrement sous-équipés et qu'ils n'empêcheront pas le processus de régression ***(voir p. 57).***

LE SURENDETTEMENT

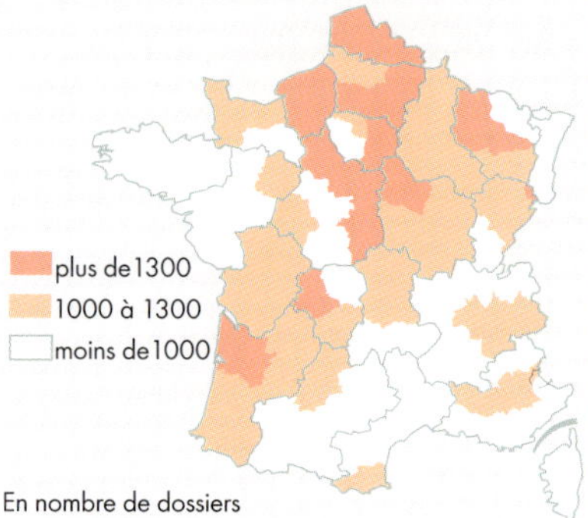

En nombre de dossiers pour 1000 habitants — *Source : d'après Banque de France - 1997*

Qui bénéficie des aides de l'État pour devenir propriétaire ?

Les prêts à taux zéro, aide de l'État aux ménages modestes pour l'accession, sont utilisés à près de 70 % pour l'achat d'un pavillon neuf, donc très majoritairement dans les zones périurbaines. L'apport personnel est en moyenne de 15 %, pour un total de l'achat s'élevant à 110 000 euros. L'âge moyen de l'acquéreur est de 33 ans et son revenu de 2 300 euros par mois.

De l'accession à la propriété au risque de relégation

Accéder à la propriété et posséder une maison individuelle reste une aspiration pour l'ensemble des Français ; celle-ci est particulièrement forte pour les ménages modestes, qui y voient notamment le moyen de quitter les quartiers HLM. L'apport personnel très faible de ces ménages contraint nombre d'entre eux à s'endetter plus longtemps mais aussi à consacrer une part trop importante de leurs revenus aux remboursements. Le choix se porte majoritairement sur les programmes de lotissements bas de gamme les plus éloignés des centres, ou dans l'ancien avec travaux, qui constituent souvent une opportunité d'achat immobilier pour les ménages modestes.

LE SURENDETTEMENT. La majorité des nouveaux habitants de l'espace périurbain sont arrivés avec un emploi mais, avec le développement du chômage et la précarisation du salariat privé, bon nombre d'entre eux sont aujourd'hui surendettés. De ce fait, les secteurs les plus marqués par le surendettement sont les régions industrialisées où le taux de chômage est le plus élevé (Haute-Normandie, Nord-Pas-de-Calais), mais aussi et surtout les zones périurbaines, notamment celles du Bassin parisien. Alors que les pouvoirs publics s'inquiètent de voir des ménages s'embarquer dans l'aventure de l'accession à la propriété avec de trop faibles ressources, il semble que « l'accession à tout prix » des ménages modestes ne faiblisse pas. Le développement d'un marché de maisons individuelles bas de gamme et la dégradation de certains lotissements paupérisés, avec, dans certains cas, des phénomènes de regroupement de ménages étrangers précarisés, pourraient plonger les espaces périurbains les plus éloignés dans un statut d'exclusion spatiale. La faiblesse des moyens d'intervention publique dans ces espaces privés constituant un risque supplémentaire.

LA RELÉGATION. Contrairement aux espaces urbains centraux, le développement de la précarité dans le périurbain interdit de fait la mobilité. Les transports publics étant le plus souvent inexistants, les ménages les plus en difficulté ne peuvent pas toujours assumer de coûteux déplacements en voiture. Cette population se trouve captive de son habitat et de son environnement, mais aussi abandonnée par la puissance publique.

DU LOGEMENT COLLECTIF AU LOGEMENT INDIVIDUEL

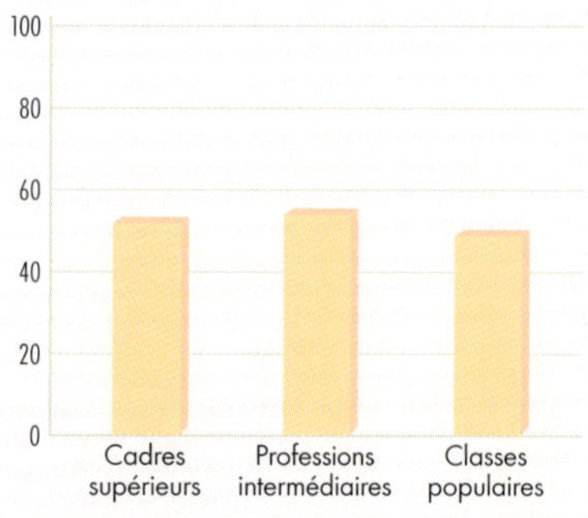

En % des ménages en logement individuel — *Source : Insee - RGP 1999*

Jusque dans les années 1960 et à l'exception des cités minières et des pavillons de banlieue, l'habitat ouvrier est d'abord un habitat collectif. Les grands ensembles marqueront ainsi le paysage de toutes les banlieues ouvrières. Aujourd'hui, 56 % des ouvriers vivent dans une maison individuelle. Ce recul se confond avec une disparition médiatico-politique et l'affaiblissement du sentiment d'appartenance de classe. Ces nouvelles banlieues populaires restent des territoires méconnus, voire méprisés.

.ASSEMENT ?

L'ÉLOIGNEMENT DE L'EMPLOI

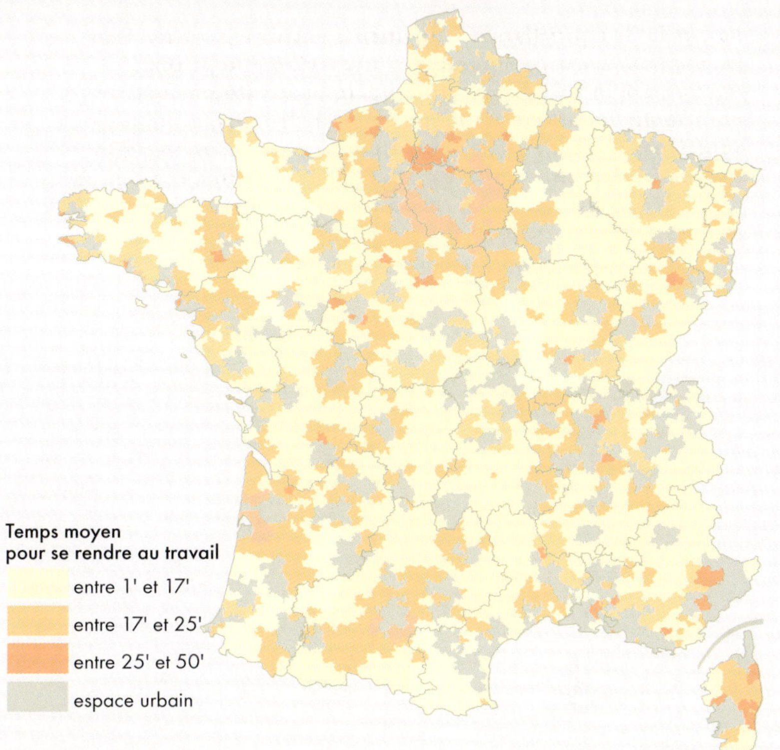

Source : Insee - RGP 1999

Des banlieues denses vers les périphéries

Les classes populaires comptent pour la moitié de la population des zones périurbaines. Ce glissement progressif des classes populaires du centre vers la périphérie concerne d'abord les ouvriers. Sur 100 nouveaux ménages, 30 sont ouvriers, 13 retraités et 12 employés.
Perçue comme une promotion sociale, cette migration, souvent synonyme de fuite des quartiers difficiles, contribue aussi à fragiliser les couches populaires. L'abandon d'un logement social souvent plus proche de son emploi pour une maison individuelle éloignée et un budget logement en forte hausse peut se révéler très risqué en cas de perte d'emploi.

PROFIL SOCIAL)ES EMMÉNAGÉS RÉCENTS

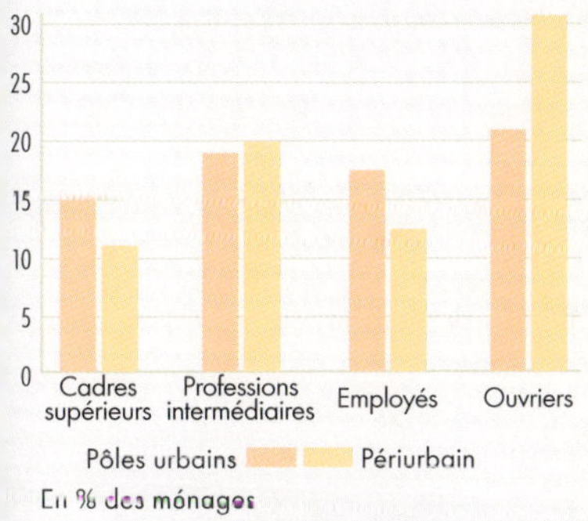

Source : Atlas de l'habitat privé - Anah 2004

> ***La maison individuelle ne joue plus le rôle de promotion sociale qui a été le sien.***
> C. Louis-Victor, président de l'Union nationale des constructeurs de maisons individuelles (UNCMI), *Le Monde*, 10 avril 1991.

De l'éloignement au déclassement

Le mythe de l'ascension sociale. Emménager dans le secteur périurbain découle souvent d'un choix par défaut, qui privilégie le désir, d'une part, de quitter les banlieues denses et notamment les quartiers d'habitat social dévalorisés et, d'autre part, celui de maintenir à une distance réelle ou symbolique des quartiers d'habitat social. Le logement individuel et l'opposition à une urbanisation de la commune en sont les premiers signes. D'autres signes renforcent ce constat, comme le refus du logement social et le développement des stratégies visant à protéger son lieu d'habitation devenu principal, si ce n'est unique lieu d'épanouissement de la vie familiale et sociale : barrière, chiens de garde, etc. Cette attitude très défensive ne peut se comprendre qu'au regard du sacrifice financier consenti par ces ménages modestes pour accéder à la propriété. Or le risque est réel : c'est dans les secteurs urbains que les aides aux ménages surendettés explosent depuis une dizaine d'années. En Seine-et-Marne, l'un des départements les plus touchés par l'étalement urbain parisien, les dépenses en faveur des ménages pour le maintien dans le logement ont été multipliées par cinq au cours des cinq dernières années.

L'éloignement géographique et social. Les « périurbains » sont aussi victimes de l'éloignement. Éloignement de l'emploi d'abord, avec un allongement des temps de transport, car plus de 40 % de l'emploi reste concentré dans les villes-centres, contre seulement 9 % dans le secteur périurbain : 80 % des habitants des zones périurbaines travaillent dans une commune différente de celle de leur résidence, contre seulement 32 % des habitants des villes-centres. Éloignement aussi des équipements scolaires ou de loisirs, également concentrés dans les secteurs les plus denses de l'agglomération. Les temps de transport viennent largement remettre en question les avantages de la vie « à la campagne ». Le « périurbain », éloigné du centre, est aussi ignoré des politiques publiques et des médias, qui se focalisent sur les quartiers dévalorisés d'habitat social des villes-centres (voir p. 32-33).

LES ZONES RURALES : TERRITOIRES REF

Les territoires ruraux, notamment lorsqu'ils sont situés à proximité d'une aire urbaine dynamique, sont aujourd'hui le territoire d'accueil privilégié par les couches populaires. Déjà majoritairement ouvriers, les espaces ruraux tendent à renforcer leur caractère populaire en accueillant depuis une dizaine d'années des catégories modestes constituées d'ouvriers et d'employés, parfois précarisées et chassées par le boom immobilier des métropoles.

LA CAMPAGNE N'EST PLUS SEULEMENT AGRICOLE

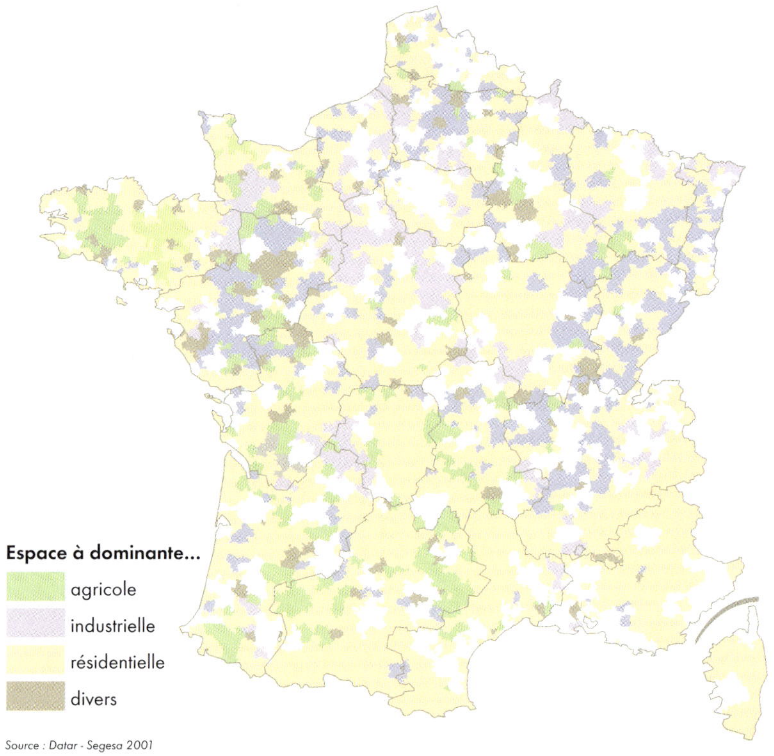

Source : Datar - Segesa 2001

Sauf à l'intérieur de la Bretagne et, ponctuellement, dans le sud-ouest de la France ou le centre, l'activité agricole n'est plus au premier rang des activités économiques des campagnes. Sur quelque 1 500 bassins de vie ruraux définis par l'Insee, moins de 200 ont une activité agricole dominante. Deux fonctions sont venues supplanter l'activité traditionnelle. D'abord l'« économie résidentielle », c'est-à-dire les activités de services et de commerces liées aux habitants, dans des zones qui accueillent des ménages originaires des villes, mais aussi où les résidences secondaires et le tourisme constituent la principale activité. Ensuite, les activités industrielles, notamment dans les campagnes périurbaines des grandes agglomérations : Paris et Lyon, par exemple.

ACCUEIL DES POPULATIONS MODESTES

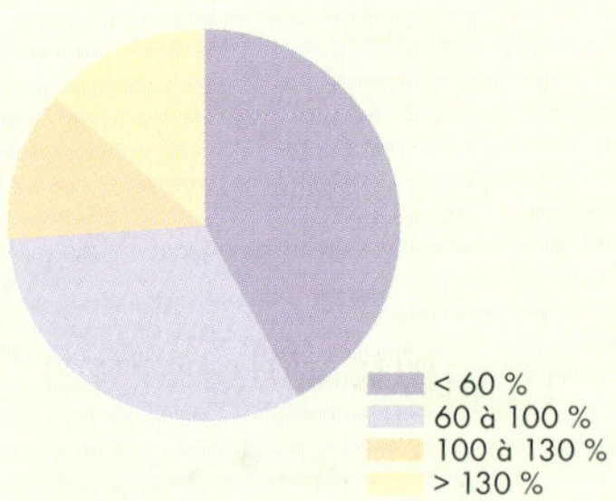

En % du plafond de ressources donnant droit à un logement HLM Source : Anah - 2001

Les employés et les ouvriers représentent plus de 60 % de la population du secteur rural. C'est la plus forte proportion après celle des zones périurbaines. Les campagnes sont donc aujourd'hui largement populaires. Le mouvement tient moins à un héritage qu'au résultat des dynamiques récentes. En effet, les populations modestes tendent à se concentrer à la campagne, où les prix du logement sont plus accessibles. Ainsi, au cours des cinq dernières années, les trois quarts des ménages arrivés dans les campagnes ont des revenus modestes, c'est-à-dire sous la limite permettant d'entrer dans un logement HLM ; près de la moitié d'entre eux sont des ménages précaires ou pauvres.

…UGES DES PLUS MODESTES

DE L'EXODE RURAL…

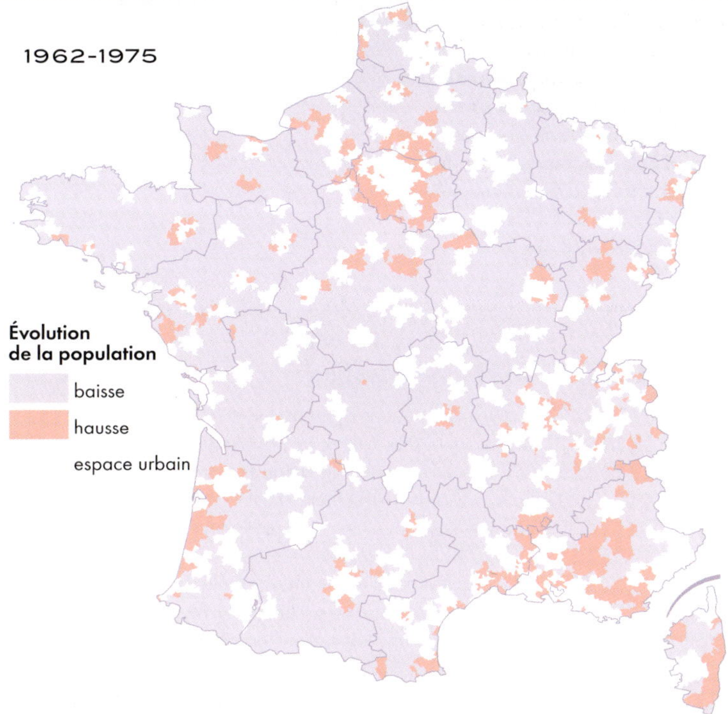

… À L'EXODE URBAIN

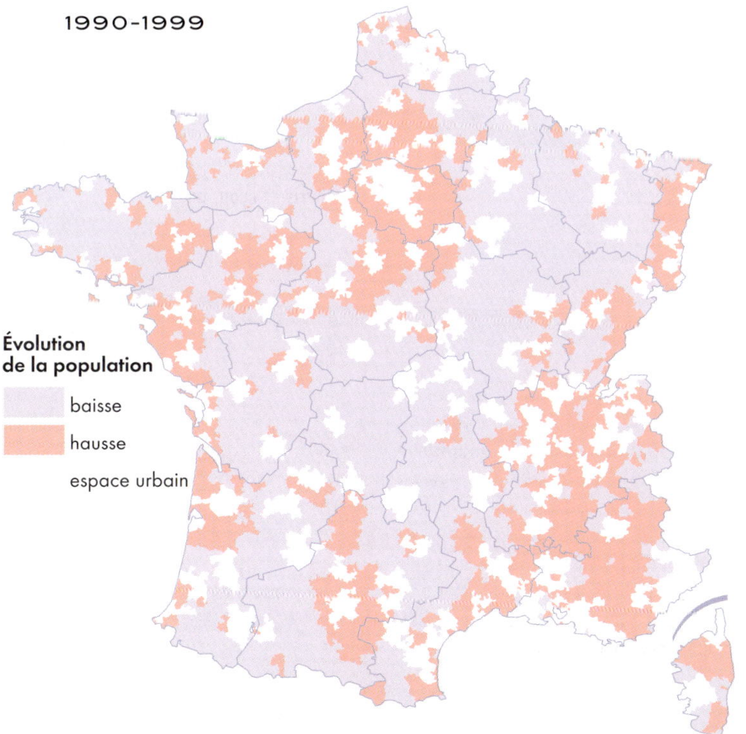

Source : Insee - RGP 1962, 1975, 1990, 1999

Les plus démunis rejoignent les campagnes

Depuis la révolution industrielle, les campagnes se sont dépeuplées au profit des villes. Ce vaste mouvement s'est traduit par un basculement historique de la population : 80 % des Français vivaient à la campagne en 1800, 20 % aujourd'hui.

LE SOLDE MIGRATOIRE S'INVERSE. Toutefois, le mouvement s'essouffle. Les nouvelles fonctions résidentielles et industrielles et l'arrivée des populations modestes dans les zones rurales contribuent au dynamisme démographique. Si, entre 1962 et 1975, l'immense majorité des bassins de vie ruraux perdaient de la population, aujourd'hui nombre d'entre eux ont renoué avec la croissance démographique ; il s'agit principalement des campagnes périurbaines. Les soldes migratoires sont positifs pour 75 % des cantons ruraux, c'est-à-dire que le nombre de nouveaux habitants excède celui des départs.

ÉVOLUTION SOCIALE. Loin du mythe du départ des cadres à la campagne et autres néoruraux reliés par Internet, ces nouvelles populations sont modestes et même souvent exclues du monde du travail. Cette évolution sociale se traduit notamment par l'explosion des dépenses sociales des départements ruraux et la forte augmentation des bénéficiaires du RMI. Apparaissent aussi de nouvelles formes de solidarité comme les SEL (système d'échange local), banques d'échanges de services entre habitants. Le premier SEL a vu le jour en Ariège en 1994 ; on en compte aujourd'hui près de 350.

> « *Plus que l'attrait du rural, c'est l'idée d'une fuite qui semble avoir motivé les migrations.* »
> « RÉFUGIÉS DE LA VILLE », *RECHERCHE SOCIALE*, MARS 1998.

Voilà près de trente ans que certaines régions subissent la désindustrialisation. La réussite de certaines reconversions industrielles mais aussi le développement des emplois tertiaires n'ont pas permis de résorber un chômage de masse dont les ouvriers sont les premières victimes. L'ampleur et la durée du chômage comme le développement des emplois précaires et la dégradation des conditions de travail soulignent la violence de la crise sociale en milieu ouvrier. Les nouvelles générations connaissent conjointement la disqualification de la classe ouvrière et la panne de l'ascenseur social.

SOLDE MIGRATOIRE

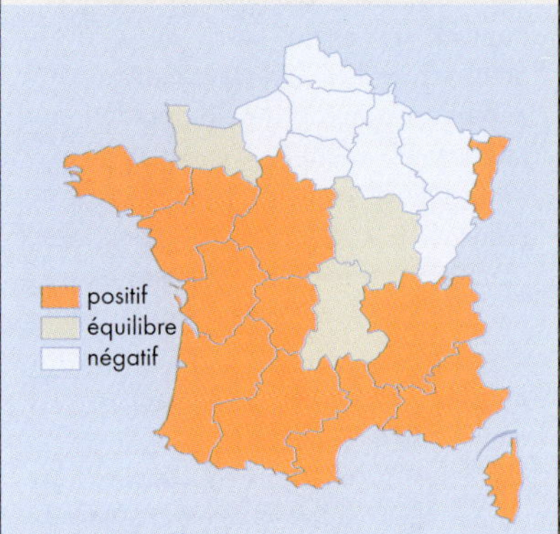

Source : Insee - RGP 1999

Déficit migratoire et paupérisation

Si les régions industrielles continuent de perdre des habitants, ce n'est pas seulement à cause de l'attractivité des autres régions, mais d'abord en raison de la lenteur du processus de reconversion industrielle et de l'accentuation des délocalisations. Confrontées au retrait des fonctions de fabrication-production, les villes industrielles connaissent des freins qui les empêchent d'opérer une véritable reconversion. Leur taille, qui dépasse rarement les 100 000 habitants, ne permet pas d'accueillir les fonctions administratives, les pôles universitaires puis les secteurs de pointe qui pourraient créer suffisamment d'emplois tertiaires. On assiste alors à un déficit migratoire qui va souvent de pair avec une paupérisation, particulièrement visible à l'échelle des zones d'emplois.

Quelle promotion pour les nouvelles générations des régions ouvrières ?

Après plusieurs décennies de massification de l'enseignement et d'augmentation du nombre de diplômés, les régions industrielles, et notamment la Picardie et le Nord-Pas-de-Calais, concentrent toujours le plus fort taux de sorties sans qualification du système scolaire et les plus faibles taux de bacheliers et de diplômés.

CHÔMAGE UN AN APRÈS LA SORTIE DU SYSTÈME SCOLAIRE

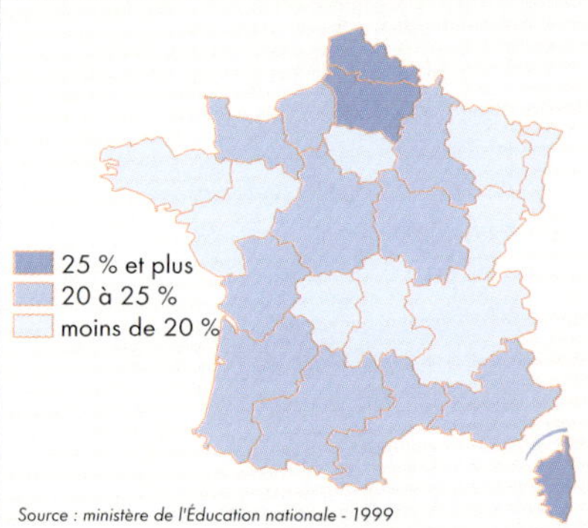

Source : ministère de l'Éducation nationale - 1999

LES BACHELIERS DE PLUS DE 25 ANS

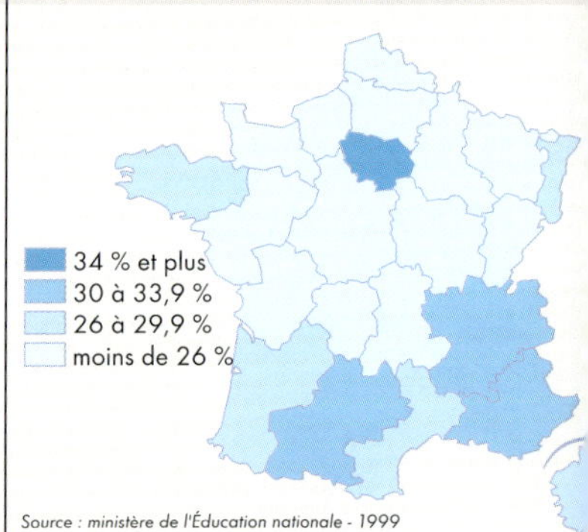

Source : ministère de l'Éducation nationale - 1999

LE CHÔMAGE. Les taux de chômage des jeunes un an après la sortie du système scolaire y sont aussi les plus élevés. De plus, et si l'accès à l'emploi reste dépendant du niveau de diplôme, force est de constater que l'insertion dans les régions industrielles reste plus difficile, y compris pour des diplômés de niveau bac + 2.

ÉCHEC SCOLAIRE ET EXCLUSION. De l'échec scolaire aux difficultés d'insertion, une part importante des enfants des couches populaires subissent directement la panne de l'ascenseur et n'ont pas l'espoir d'une promotion sociale par l'école. Dans ce contexte, l'objectif de 80 % de bacheliers masque difficilement la question centrale de l'exclusion des jeunes générations issues des couches populaires.

TOIRES DE LA RÉGRESSION SOCIALE

LE CHÔMAGE DES JEUNES

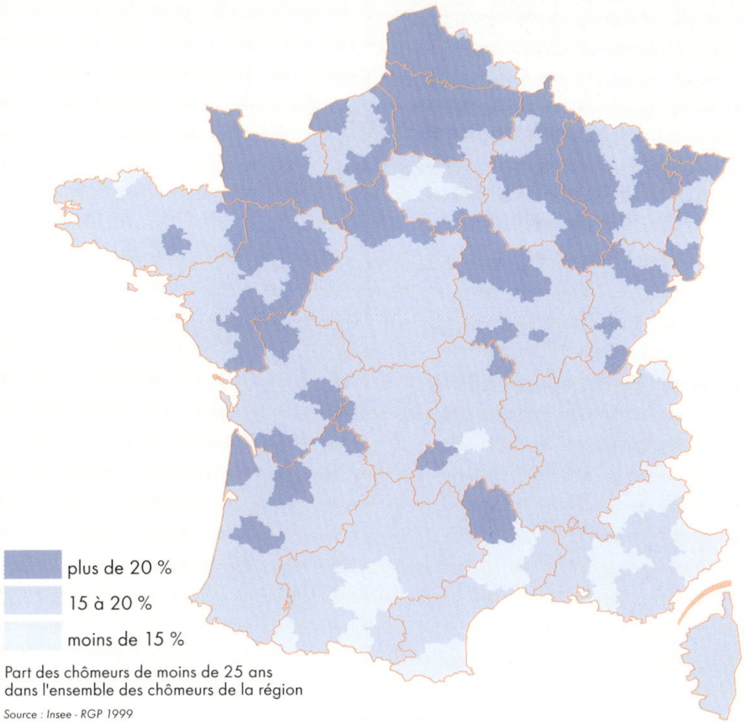

La diffusion d'une « insécurité sociale » grandissante contribue à renforcer un sentiment d'exclusion. La remise en cause de l'ascension sociale des jeunes générations agit pour les classes moyennes et populaires comme une véritable « rupture de contrat » entre la société et ses catégories les plus modestes.
Si la géographie du chômage des jeunes de moins de 25 ans fait apparaître les régions industrielles, elle révèle aussi les territoires d'une « France périphérique » et à l'écart des grandes métropoles.
Le chômage des moins de 25 ans est ainsi moins élevé dans les zones d'emploi de Paris, Lyon, Marseille, Bordeaux ou Montpellier. Paradoxalement, c'est donc dans les régions où la crise urbaine est la plus forte que le chômage des jeunes est le moins élevé. À l'inverse, les espaces industriels, périurbains et ruraux sont beaucoup plus touchés. Emblématiques de la déstructuration des classes moyennes, les régions de l'Ouest sont aujourd'hui fortement concernées par le chômage des jeunes.

Là où l'emploi industriel n'a pas été remplacé

Le développement tertiaire de la métropole lilloise ne masque pas les difficultés que connaissent toujours les bassins miniers du Nord-Pas-de-Calais et, plus généralement, les zones d'emploi industriel de la région. Ces bassins d'emploi connaissent un très fort taux de chômage (souvent de longue durée) mais aussi un développement important des emplois précaires. Les revenus les plus élevés sont très fortement concentrés autour de la métropole lilloise, processus de concentration des richesses dont profite peu l'ensemble de la population.
Ce constat illustre parfaitement les limites d'un « développement métropolitain » incapable d'intégrer massivement les populations les moins qualifiées.

> *La région [Nord-Pas-de-Calais] n'en a pas fini avec les reconversions douloureuses entamées il y a quarante ans.*
> JEAN-PAUL DUFOUR, *LE MONDE*, 29 JANVIER 2003.

LES REVENUS DANS LE NORD-PAS-DE-CALAIS

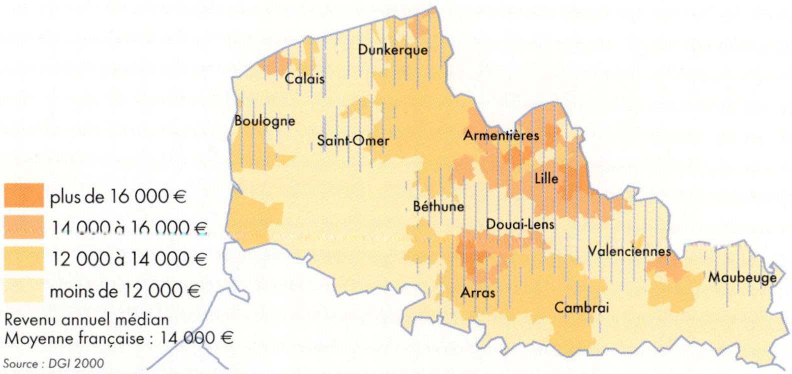

OÙ SONT LES RETRAITÉS MODESTES ?

Alors que le nombre de ménages de retraités pauvres n'avait cessé de réduire depuis trente ans, cette baisse semble marquer le pas depuis la fin des années 1990, notamment pour les catégories populaires. L'impact des Trente Glorieuses a contribué jusqu'à aujourd'hui à l'amélioration du niveau de vie des retraités. Mais la génération suivante de retraités a connu les effets du chômage de masse et la précarisation de l'emploi salarié dans le secteur privé depuis une vingtaine d'années. Cette évolution contribue au renforcement des inégalités entre retraités.

ÉVOLUTION DES RETRAITÉS PAUVRES

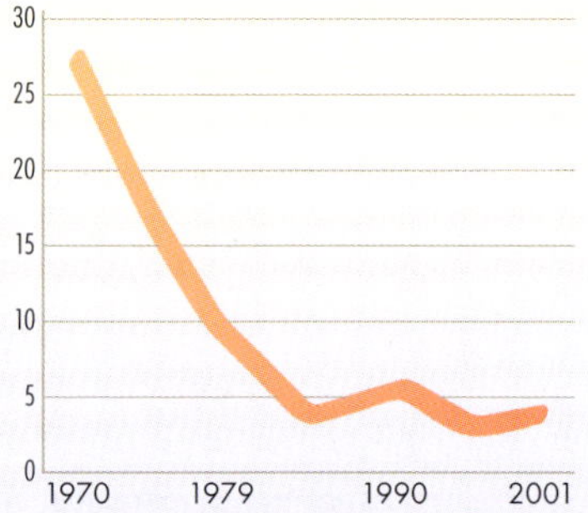

En % des ménages retraités

Source : Observatoire de la pauvreté

En 1970, 27 % des ménages retraités était pauvres, soit dix fois plus que les ménages salariés ; aujourd'hui, 4 % seulement le sont, contre 5,4 % pour les salariés. Cette évolution tient à la baisse du nombre de retraités agricoles et à la mise en place du minimum retraite. En réalité, le revenu médian des retraités reste inférieur de 20 % à celui des salariés... Amélioration toute relative donc.

LES PLUS DE 60 ANS DANS LE LOGEMENT INCONFORTABLE

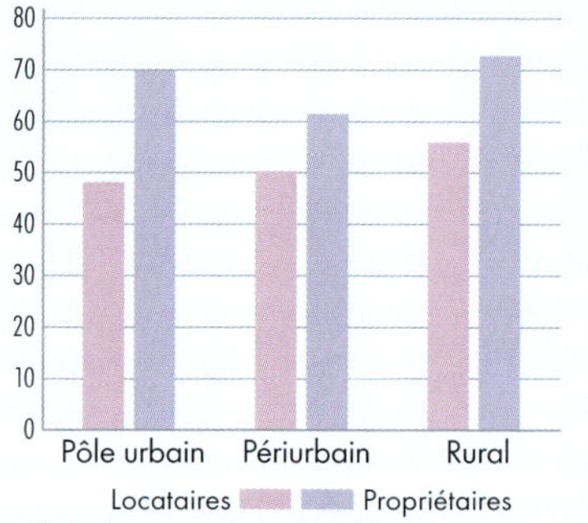

En % de logements inconfortables

Source : Insee - RGP 1999

Le logement des retraités modestes

LE LOGEMENT INCONFORTABLE. Les ménages retraités sont majoritaires dans le logement inconfortable (sans chauffage et/ou sans sanitaire). C'est le cas aussi bien dans les zones rurales que dans les logements des quartiers anciens des villes, où ils sont progressivement remplacés par les immigrés ou par les nouvelles classes tertiaires, par le jeu de la gentrification (voir p. 18-19).

DANS LE PARC SOCIAL. L'augmentation des retraités logés dans le parc social constitue un phénomène récent et inattendu. En effet, le parc social a, ou avait, une vocation transitoire, comme étape pour les ménages avant qu'ils puissent s'installer dans le locatif privé ou accèdent à la propriété. La dégradation du contexte économique et la précarisation des classes populaires ont sapé ces perspectives pour beaucoup de ménages. Sans autre solution, ceux-ci sont donc restés dans le parc social. Ainsi, plus du quart des logements sociaux sont aujourd'hui occupés par un ménage de plus de 60 ans et le vieillissement généralisé de la population devrait accentuer ce phénomène.

LE « PAPY-BOOM » DES CITÉS. Localement, dans certaines cités – notamment construites dans les années 1950 –, les retraités occupent plus de 50 % des logements. Ce vieillissement de la population du parc social pose plusieurs questions. D'abord l'occupation par ces ménages qui restent contribue à la pénurie de logements sociaux. Ensuite, se pose la question de l'adaptation du bâti et de ces logements à des populations à mobilité réduite. Enfin, quelles sont les priorités des politiques publiques ? Souvent, les politiques de la ville visent les jeunes, d'ailleurs de moins en moins nombreux dans les quartiers d'habitat social... Peu de cas est fait de ces ménages modestes, retraités, dont les conditions de vie se dégradent dans une ambiance sociale et urbaine dévalorisée.

VIEILLISSEMENT DANS LES HLM

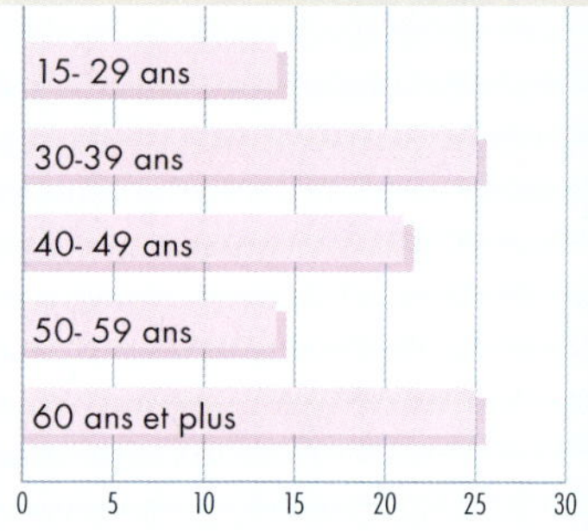

En % des ménages locataires en HLM

Source : Insee - RGP 1999

REVENUS MÉDIANS DES RETRAITÉS

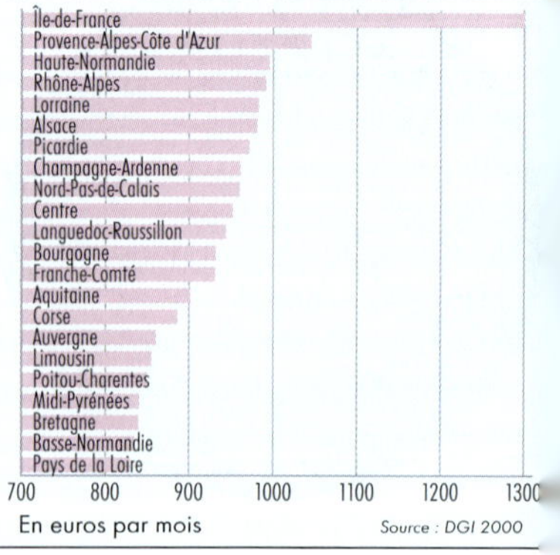

En euros par mois

Source : DGI 2000

RÉGIONS D'ACCUEIL DES RETRAITÉS

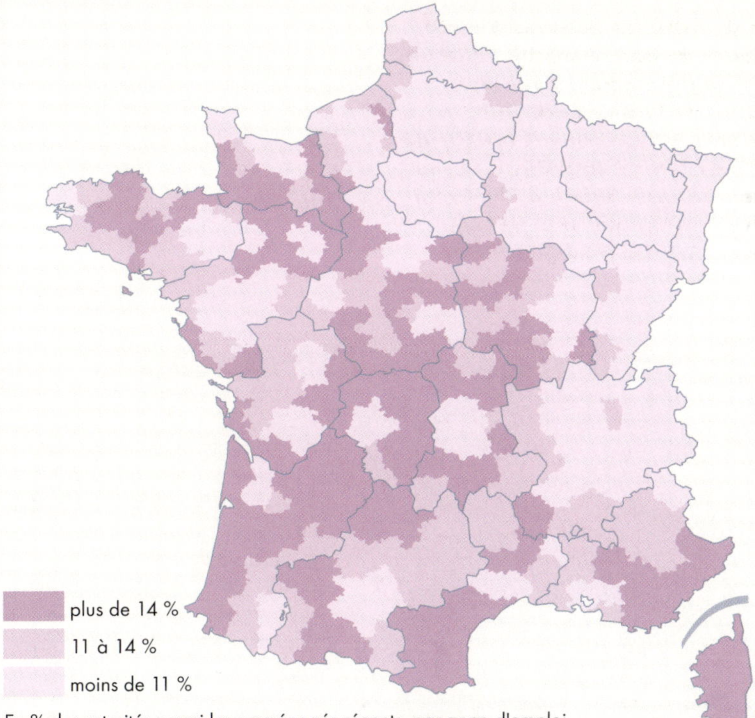

En % des retraités parmi les emménagés récents, par zone d'emploi

Source : Insee - RGP 1999

LES RETRAITÉS MODESTES PLUTÔT LE NORD QUE LE SUD

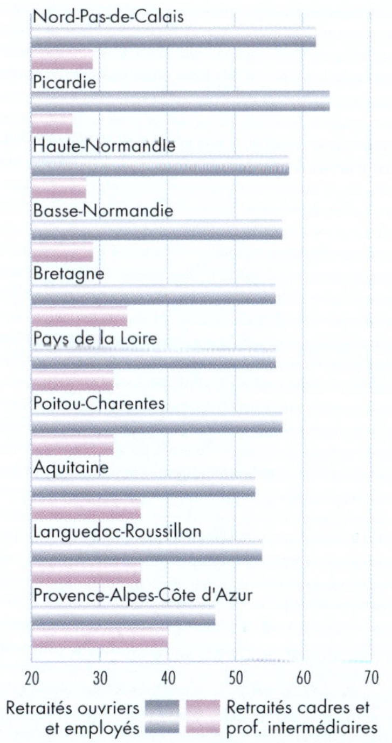

En % des retraités emménagés récents

Source : Insee - RGP 1999

> ***À 60 ans, les ouvriers ont une espérance de vie de cinq ans inférieure à celle des cadres. Ils cotisent plus longtemps que les autres catégories, meurent plus vite.***
>
> **THOMAS BARNAY, *LE MONDE DIPLOMATIQUE*, JANVIER 2003.**

Les migrations des retraités : à chacun sa région

Les retraités choisissent leur lieu de résidence selon leurs possibilités financières, d'une part, et le cadre de vie, d'autre part. Le vieillissement de la population entraîne une forte augmentation de ces derniers, ce qui explique en partie le regain démographique de certaines régions rurales jusqu'alors désertées.

UN CLIMAT AGRÉABLE... Les ménages qui quittent leur région à l'âge de la retraite plébiscitent largement une France de l'Ouest et du Sud : de l'estuaire de la Seine à la Bretagne, du Centre au Limousin, de l'Aquitaine à la Provence. Le cadre de vie et la recherche d'un climat agréable sont un des facteurs explicatifs, ce que les géographes nomment l'« héliotropisme ». Mais force est de constater que ce mouvement de population n'est pas sans discrimination lié aux revenus.

LES RETRAITÉS AISÉS OU MODESTES. Les retraités modestes qui ont les moyens de se retirer vont dans les régions les moins valorisées et, le plus souvent, à l'écart du littoral, où activités touristiques et retraités des classes supérieures favorisent l'augmentation des prix immobiliers. C'est aussi le retour dans la région natale de parents paysans, quoique, compte tenu du lieu de naissance de plus en plus souvent urbain, cette démarche soit de moins en moins fréquente. Les retraités des classes aisées restent majoritairement en ville et « navettent » avec leur résidence campagnarde, ou achètent un logement dans les régions les plus valorisées, notamment la Côte d'Azur ou les communes du littoral atlantique.

L'écart de revenu des retraités par région se creuse donc et oppose Paris et, dans une moindre mesure, Provence-Alpes-Côte d'Azur aux autres régions. Lorsque la moitié des retraités parisiens ont une pension supérieure à 1 300 euros, la moitié de ceux des Pays de la Loire ne disposent que de 830 euros.

LES DOM : DES TERRITOIRES « ULTRAPÉR

Les DOM sont marqués par la faiblesse du marché de l'emploi et la forte croissance démographique. L'importance du tourisme et la consommation ne suffisent pas pour pallier le manque d'acivités de production. Les taux de chômage et de sous-emploi font que les revenus d'activités sont faibles et le nombre de RMistes important. Les transferts de fonds publics et parapublics ne cessent de croître, et notamment la masse salariale des fonctionnaires assimilés. Les DOM sont des territoires en crise dépendants de la métropole ; ces traits sociodémographiques rappellent souvent ceux des ZUS.

1,7 MILLION DE FRANÇAIS AUX ANTIPODES

Les DOM réunissent près de 3 % de la population française. Ces territoires « ultrapériphériques », selon le terme employé par l'Union européenne, sont localisés dans des secteurs marqués par le sous-développement. D'où cette ambivalence : une structure économique proche de celles de leurs voisins, mais en partie compensée par le lien institutionnel à la métropole et donc à l'emploi public.

> ***Il reste des progrès à accomplir pour assurer l'égalité entre les Français de métropole et ceux de l'outre-mer.***
> JEAN-JACK QUEYRANNE, *LE MONDE*, FÉVRIER 1999.

Agriculture et administration

Héritée de la période coloniale, la structure de l'économie locale en porte encore les traces. En effet, ces territoires ont connu un développement d'abord basé sur l'agriculture et les industries agro-alimentaires, spécialisées sur des productions tropicales au débouché unique : la métropole. La population active agricole est aujourd'hui encore plus importante qu'en métropole. Mais ce secteur traverse une grave crise liée à la concurrence des pays en voie de développement, notamment pour la banane, devenue symbole de la lutte de ces pays contre les aides accordées par l'Union européenne et les États-Unis à leurs agriculteurs.

ÉCONOMIE TERTIAIRE. Ayant échappé au processus d'industrialisation, ces territoires sont donc marqués par une très forte tertiarisation de l'économie. Plus des trois quarts de la population active est en effet concentrée dans le secteur tertiaire. Il s'agit bien sûr des activités touristiques qui se développent mais n'ont pas permis jusqu'alors un véritable décollage. C'est finalement l'emploi administratif qui assure l'essentiel de l'activité économique : plus de 40 % de la population active, contre 30 % en métropole. Cette inflation de l'emploi public n'est pas sans rappeler la structure d'emploi des petites villes de province, sous-préfectures dont l'essentiel de l'activité s'appuie sur les services publics : La Poste, l'hôpital, l'Éducation nationale...

POPULATION ACTIVE AGRICOLE

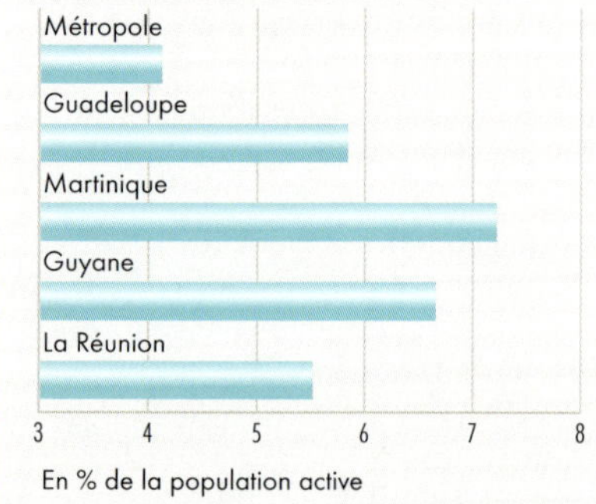

Source : Insee - RGP 1999

EMPLOI PUBLIC

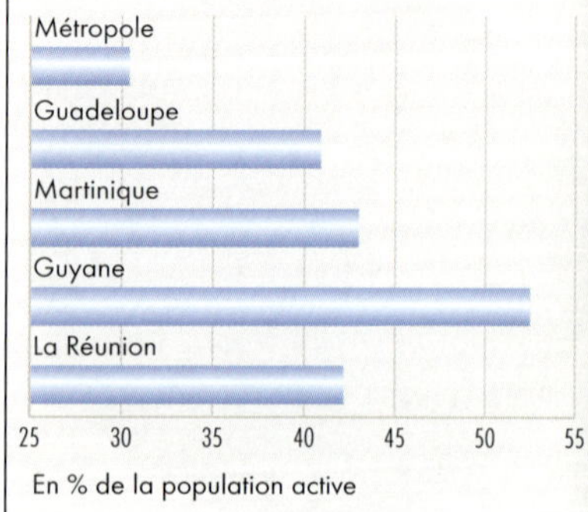

Source : Insee - RGP 1999

PHÉRIQUES »

LES RMISTES

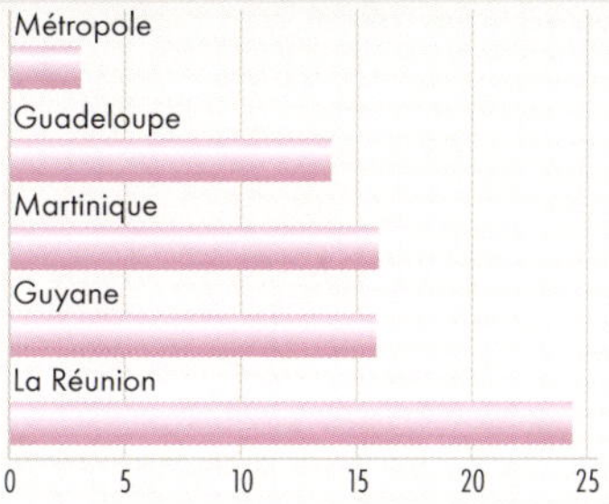

En % des bénéficiaires du RMI dans la population

Source : Assemblée nationale 2003

TAUX DE CHÔMAGE

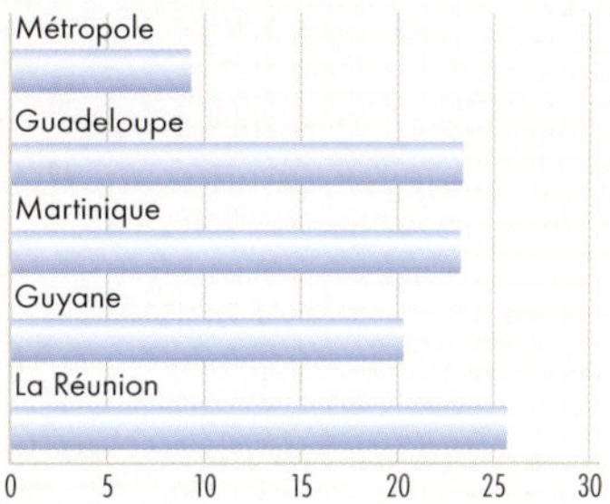

En % des chômeurs dans la population active

Source : Insee - RGP 1999

Un archipel de ZUS

Les caractéristiques sociales des départements d'outre-mer s'apparentent à celles d'une zone urbaine sensible (ZUS, voir p. 32-33)... à l'échelle de deux millions d'habitants. La jeunesse de la population constitue la première caractéristique : les moins de 20 ans représentent 30 % de la population en Martinique, plus de 40 % en Guyane, contre moins de 25 % en métropole. Le déficit chronique en matière d'emploi se traduit par des taux de chômage très élevés : un actif sur quatre est sans emploi. Enfin, la proportion de bénéficiaires du RMI est trois fois supérieure à la moyenne de la métropole.
Ces territoires présentent donc un profil fortement précarisé et pour lesquels, compte tenu d'un marché de l'emploi dégradé, la métropole et donc la migration ne constituent plus une alternative.

IMMIGRATION CLANDESTINE. Cette crise économique endémique est renforcée par une pression migratoire. Localisés dans des régions du monde de grande pauvreté, les départements d'outre-mer attirent les populations des pays voisins. Ils connaissent donc un fort mouvement d'immigration clandestine qui contribue à augmenter le nombre de situations de précarité et les difficultés économiques. C'est le cas en premier lieu pour la Guyane, pour laquelle un rapport de l'Assemblée nationale estime le nombre de clandestins à 30 000 personnes, pour une population totale de moins de 160 000. La Martinique, la Guadeloupe et la Réunion sont moins touchées, probablement en raison de leur situation insulaire.

DES TERRITOIRES QUI S'APPAUVRISSENT. Globalement, ces territoires ont vu reculer leur richesse entre 1995 et 1999. Malgré les aides au développement de l'État français et de l'Europe (« Objectif 1 »), seule la Martinique a enregistré une progression. La richesse de ce département reste toutefois égale à 65 % de la richesse moyenne européenne. Ainsi, contrairement aux autres régions « ultrapériphériques » aidées par l'Union européenne (les Canaries, les Açores, Madère), force est de constater que les départements français n'enclenchent pas véritablement un mouvement de rattrapage.

DES TERRITOIRES JEUNES

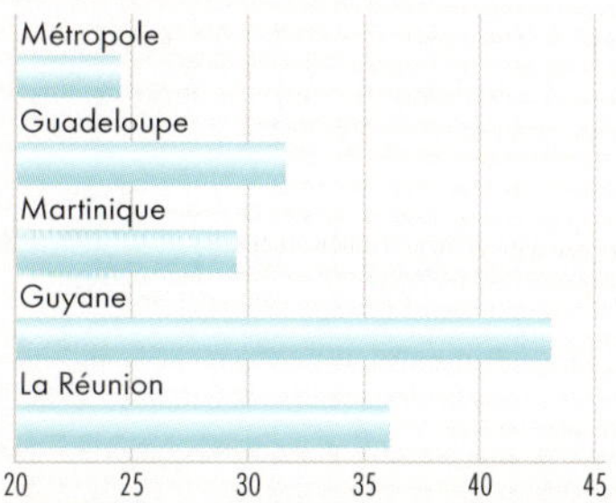

En % des moins de 20 ans dans la population totale

Source : Insee - RGP 1999

QUESTION DE DÉFINITION

Qu'est-ce que l'Objectif 1 de l'Union européenne ?

L'Objectif 1 vise à promouvoir le développement et l'ajustement structurel des régions en retard de développement. Les régions éligibles sont celles dont le niveau de PIB/habitant est inférieur à 75 % de la moyenne communautaire. En France, pour la période 2000-2006, les quatre départements d'outre-mer sont les seules régions françaises éligibles à l'Objectif 1. La Corse et le Hainaut français (secteur du département du Nord), qui étaient éligibles durant la période 1994-1999 mais qui ont désormais un niveau de PIB/habitant supérieur à 75 % de la moyenne communautaire, bénéficient toutefois d'un soutien transitoire d'une durée de sept ans. L'enveloppe 2000-2006 allouée au titre de l'Objectif 1 est de 3,8 milliards d'euros, dont 3,25 milliards d'euros destinés aux quatre DOM.

DES TERRITOIRES QUI S'APPAUVRISSENT

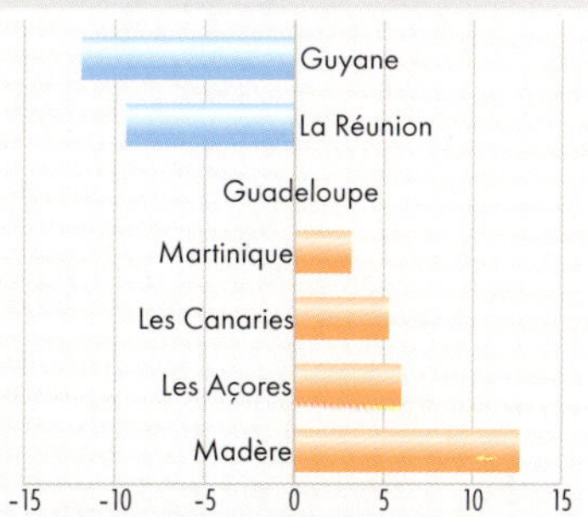

En % d'évolution du PIB/à la moyenne européenne

Source : Union européenne 2003

L'INTÉGRATION PAR LES CENTRES

La fracture entre centres et périphéries trace aussi les lignes d'une rupture entre les catégories sociales les mieux intégrées au système et celles qui sont de plus en plus fragilisées. Dans les centres, la cohabitation entre couches supérieures et catégories moyennes du secteur public est à ce titre exemplaire. Les premières sont évidemment les grandes gagnantes de la mondialisation ; les secondes, seule frange du salariat préservée du chômage de masse et de la précarisation, bénéficient d'une forte intégration. Bénéficiaires de la mondialisation libérale, héritiers de l'État providence, deux facettes contradictoires de l'intégration par les centres.

COMPARAISON DES SALARIÉS PUBLIC/PRIVÉ

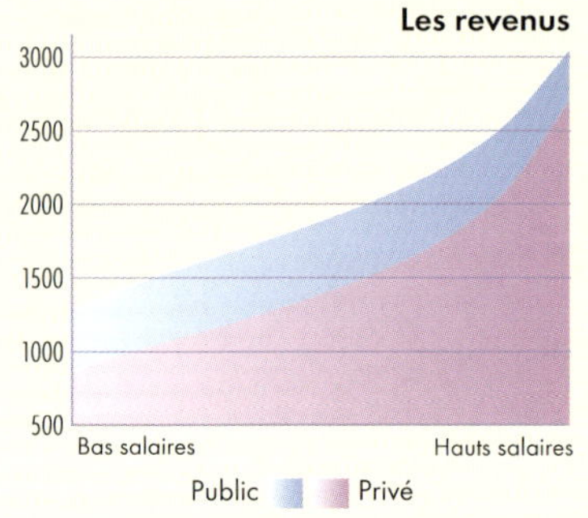

Salaires mensuels en euros

Source : Insee - DGI 2000

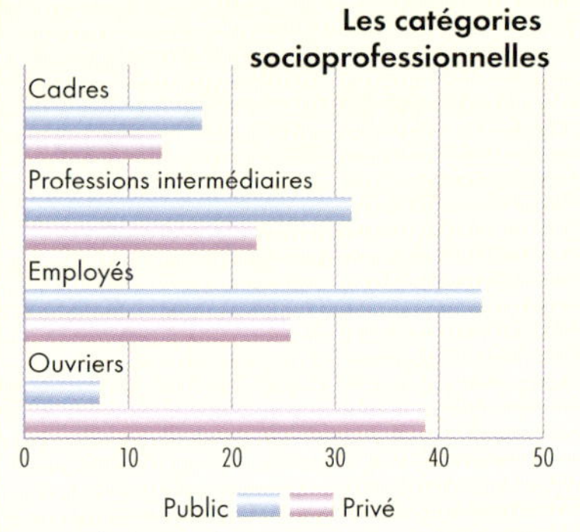

En % de la population active

Source : Insee - RGP 1999

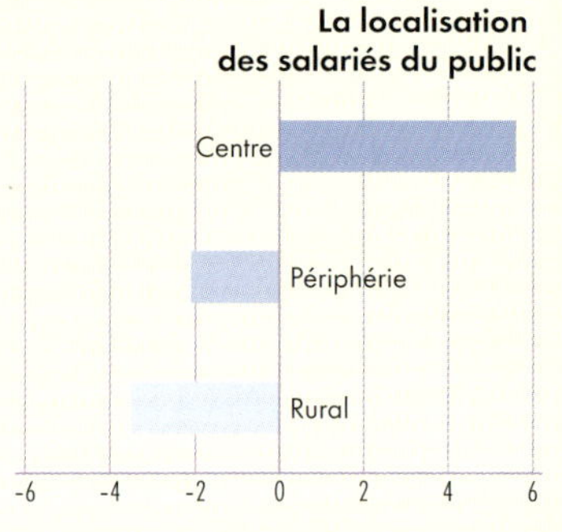

Écart à la moyenne (en points)

Source : Insee - RGP 1999

Les salariés du public : une classe moyenne protégée ?

UNE CATÉGORIE IMPORTANTE. La structure de l'emploi français se caractérise par la part importante de l'emploi public : un actif sur quatre relève en effet de ce secteur. Ainsi, un quart des actifs français bénéficie d'une situation protégée à l'égard du chômage et du sous-emploi. En outre, l'emploi public est marqué par une forte proportion des catégories supérieures : les cadres et professions intermédiaires représentent la moitié de l'emploi public, contre seulement 30 % dans le privé.

NIVEAUX DE SALAIRE. Il résulte de cette double caractéristique des niveaux de salaires qui dépassent ceux du privé : les 10 % d'actifs du public les moins modestes ont un salaire supérieur à celui de la moitié des salariés du privé. La localisation de l'emploi public, le niveau de vie en moyenne supérieur à celui des salariés du privé et la plus grande facilité d'accès au parc social par le biais, notamment, des collectivités locales ou des droits de réservations des ministères expliquent que les salariés du public se concentrent dans les centres-villes et les proches banlieues. C'est particulièrement vrai des catégories du public les plus modestes, notamment les employés, pour lesquels l'écart des salaires est le plus fort : le salaire moyen d'un employé du public est de 1 590 euros, contre 1 240 euros dans le privé. Le secteur public tend donc à constituer une classe moyenne protégée de la précarité et des risques de paupérisation.

> ***« Ce sont bien les catégories les plus favorisées qui bénéficient des bilans prestations-cotisations les plus élevés en raison du rôle déterminant de l'espérance de vie. »***
>
> **FLORENCE LEGROS, *ÉCO ET STATISTIQUES*, N° 291-292, INSEE, 1996.**

LES DYNAMIQUES SOCIALES : DES CENTRES AUX PÉRIPHÉRIES

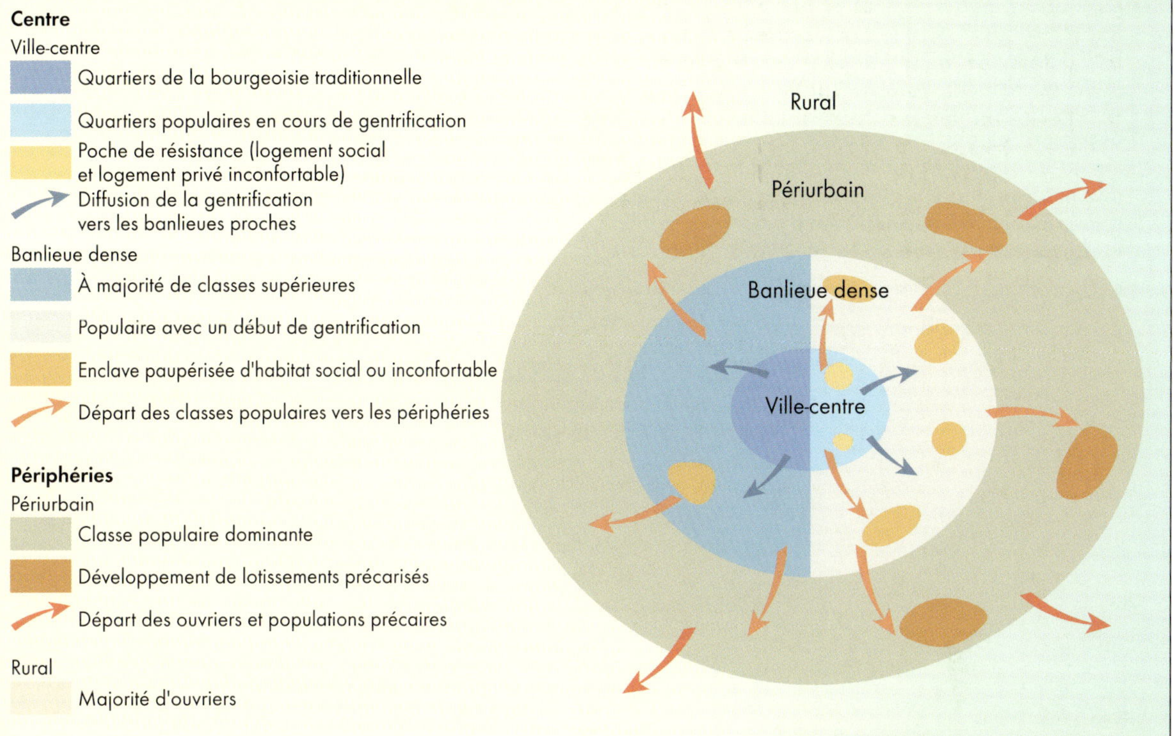

Les cadres supérieurs : les bénéficiaires de la mondialisation

Si le chômage de masse se développe depuis la crise économique qui se déclare en 1974, il touche de façon très inégale les différentes catégories professionnelles : alors que plus de 16 % des ouvriers et 15 % des employés sont chômeurs, c'est le cas de 4 % des cadres supérieurs seulement.
Les cadres ont donc tout à la fois connu une amélioration des rémunérations et creusé l'écart avec les autres catégories au cours des deux dernières décennies. Relativement protégés du chômage et grâce aux 35 heures, ils ont bénéficié d'une nette amélioration de leurs conditions de travail. Cette situation leur confère une position singulière dans la société française, notamment un mode de consommation qui les distingue nettement des autres catégories.

TAUX DE CHÔMAGE

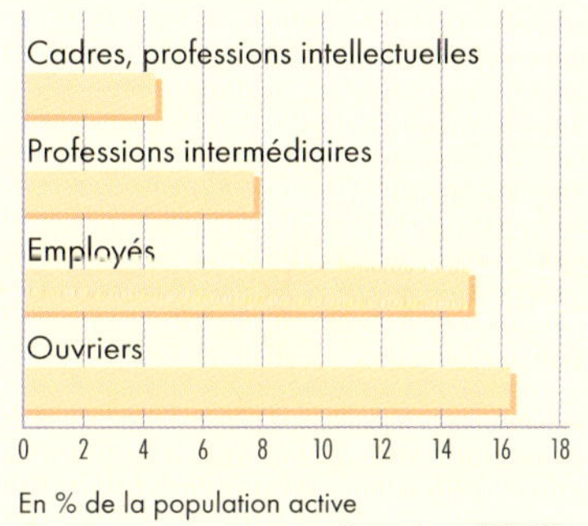

Source : Insee RGP 1999

Les étrangers dans les centres

Les étrangers constituent une des fractions les plus fragiles économiquement, surtout ceux dont l'arrivée est récente et dont l'intégration dans le marché de l'emploi pose problème. Logés en grande majorité dans les plus grandes agglomérations, ils sont les premiers bénéficiaires des « politiques de la ville » : un tiers des ménages étrangers est logé dans le parc social et près du quart dans un quartier prioritaire.

LA PART DES MÉNAGES ÉTRANGERS LOGÉS EN…

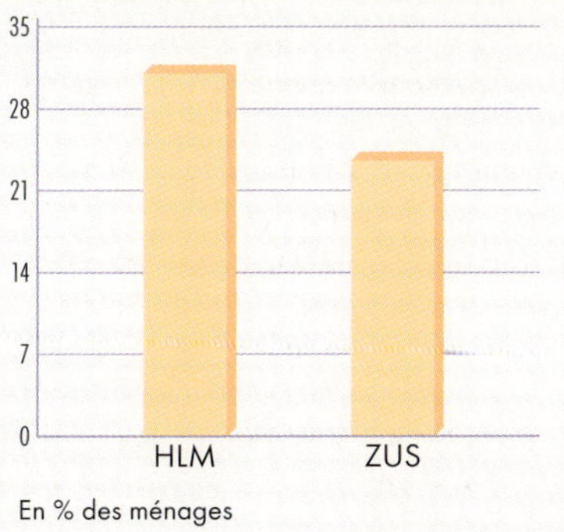

Source : Insee - RGP 1999

DE LA BOURGEOISIE TRADITION

La bourgeoisie traditionnelle, huppée et ancienne se voit concurrencée par une nouvelle bourgeoisie moins aisée, plus jeune et plus intellectuelle. Cette opposition entre « botras » et « bobos » s'inscrit spatialement, la bourgeoisie traditionnelle occupant les quartiers huppés tandis que les bobos investissent les ex-quartiers populaires. Cette inscription, qui traduit des pratiques culturelles différentes, révèle l'émergence d'une bourgeoisie postindustrielle face à une bourgeoisie vieillissante et issue de la révolution industrielle.

Les nouvelles classes tertiaires

L'explosion du nombre de cadres supérieurs tient moins au développement des métiers de l'encadrement qui existaient il y a vingt-cinq ans qu'au développement de nouvelles activités. En effet, le développement de la société de l'information s'est accompagné de l'émergence de nouveaux métiers dans les médias et l'audiovisuel, la presse, les arts et les professions libérales... Ces dernières, par exemple, ont vu leurs effectifs doubler entre 1975 et 2000. Dans le même temps, l'emploi public compte de plus en plus de catégories supérieures : augmentation des enseignants du supérieur sous le coup de la « démocratisation de l'université », développement de l'encadrement dans les collectivités locales, etc. Les cadres A, correspondant aux échelons supérieurs de la fonction publique, comptent pour 40 % des salariés du public en 2000, contre moins de 30 % en 1990.

LA PYRAMIDE DES ÂGES À PARIS

Quartier de la bourgeoisie traditionnelle
(XVIe arrondissement)

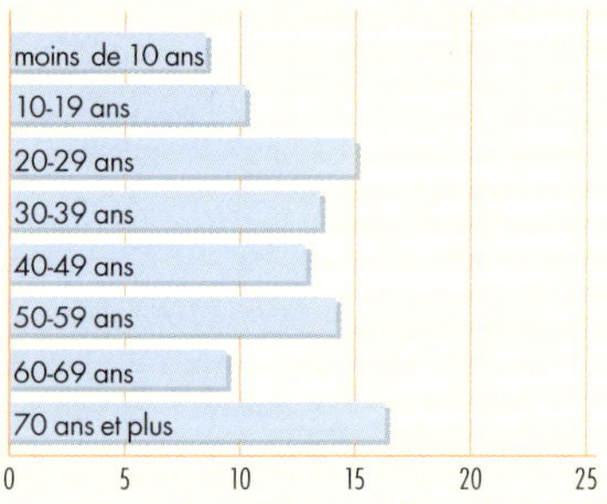

Un quartier gentrifié
(XIe arrondissement)

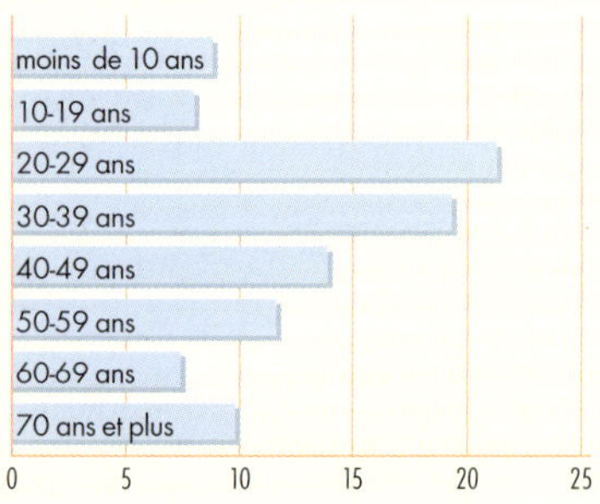

En % de la population

Source : Insee - RGP 1999

Une nouvelle ségrégation

La gentrification (voir p. 18-19) et le remplacement des classes populaires par les nouvelles catégories du tertiaire supérieur laissent émerger une nouvelle ségrégation au cœur des villes.

Les quartiers huppés sont toujours le lieu d'accueil des populations liées au monde de l'entreprise. Dans les anciens quartiers populaires, est apparue une catégorie de cadres supérieurs plus fréquemment du secteur public ou des nouveaux métiers. Outre la possession d'un patrimoine, legs d'une longue appartenance à la bourgeoisie, les quartiers huppés se distinguent aussi par un vieillissement accentué, qui tranche avec la jeunesse des quartiers gentrifiés.

La comparaison des secteurs d'activités dans les XVIe et XIe arrondissements de Paris illustre cette nouvelle ségrégation (voir aussi p. 24-25).

L'ACTIVITÉ ÉCONOMIQUE À PARIS

Quartier de la bourgeoisie traditionnelle
(XVIe arrondissement)

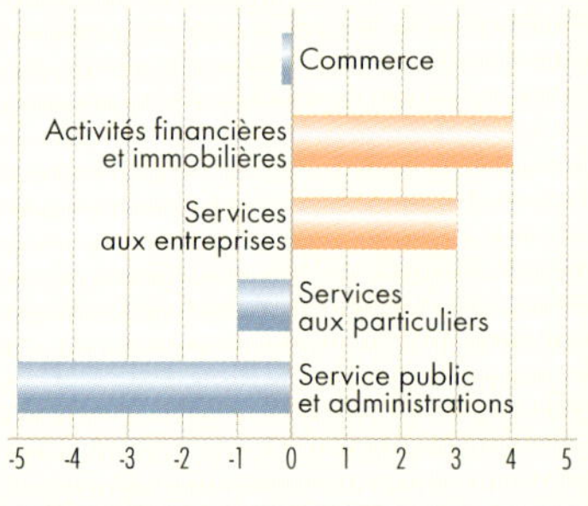

Un quartier gentrifié
(XIe arrondissement)

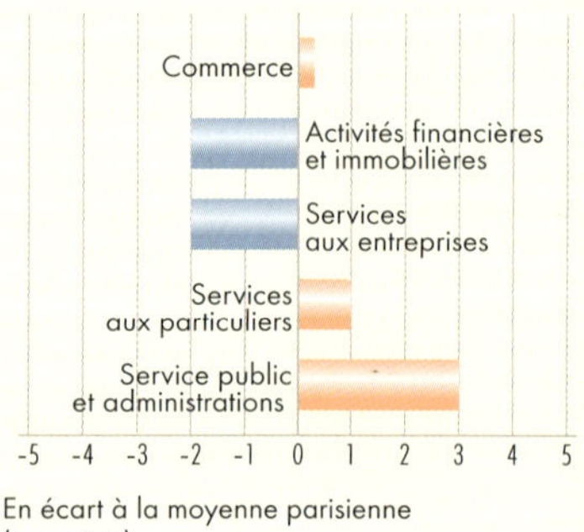

En écart à la moyenne parisienne (en points)

Source : Insee - RGP 199

NELLE AUX BOBOS

LE VOTE GAUCHE/DROITE AUX MUNICIPALES

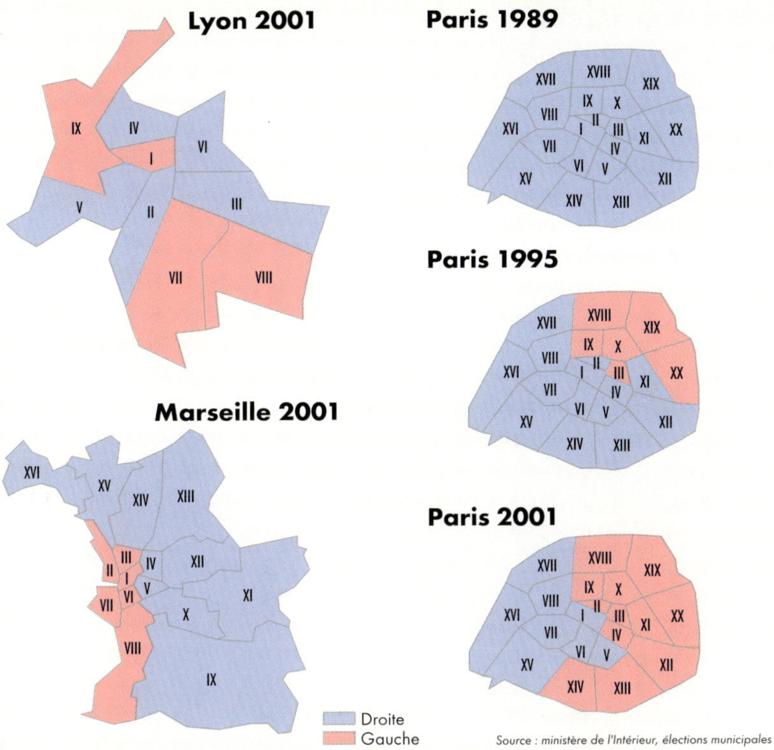

Source : ministère de l'Intérieur, élections municipales

La culture ouvrière récupérée et le refus du conflit de classes

En investissant les anciens quartiers ouvriers, les bobos récupèrent les oripeaux de la classe ouvrière, l'ancienne, celle d'avant-guerre. Refusant de se penser comme « bourgeois », le bobo participe au brouillage des classes en surjouant une opposition à la bourgeoisie traditionnelle à travers ses goûts, ses pratiques et ses valeurs culturelles.

LE DÉCORUM OUVRIER. Le vote à gauche n'est qu'un des signes de cette appartenance revendiquée aux classes populaires. La réappropriation du bâti artisanal et industriel, d'abord porté par les pionniers de la rénovation sociale, est ensuite reproduit, y compris par les promoteurs immobiliers. L'atelier rénové ou le loft s'oppose en tous points à l'immeuble haussmannien. Les propriétaires des bars et restaurants des quartiers en cours de gentrification ont bien saisi la valeur marchande de cette culture ouvrière, du « café-charbon » aux « bouchons », tout le décor des quartiers ouvriers est mis à contribution dans cette opération de distinction. Dernier exemple, les anciens lieux de réunion des partis ou syndicats ouvriers souvent laissés à l'abandon et que les municipalités transforment en lieux culturels. Tout cela se résume dans la thématique du « quartier branché », la presse se faisant régulièrement l'écho des lieux nouveaux, les lieux qui bougent…

LES LIMITES DE LA MIXITÉ. La cohabitation avec les couches populaires immigrées participe de cette logique. En effet, l'aspect exotique des quartiers est fortement valorisé et présenté comme une richesse, une diversité qui, là encore, s'oppose en filigrane au monolithisme social des quartiers de la bourgeoisie traditionnelle. Ces populations sont de fait les premiers défenseurs de la mixité sociale, jusqu'aux portes de l'école toutefois (voir p. 52-53).

Les mutations du débat politique

Les dernières élections municipales ont démontré que, dans les centres, la bipolarisation droite-gauche est encore pertinente.

DU CONFLIT DE CLASSE À LA DISPUTE SOCIÉTALE. Cette opposition n'est cependant pas une résurgence d'un conflit de classes traditionnel opposant une droite bourgeoise à une gauche populaire, mais la mise en scène d'un conflit de société entre deux bourgeoisies. En accord sur l'essentiel (économie de marché, mondialisation, fin de la lutte des classes), les couches supérieures s'opposent alors sur des thématiques plus sociétales comme la gestion du temps libre, la place de l'automobile dans la ville, l'environnement, le rythme scolaire, le mariage gay…

LES GRANDES VILLES FRANÇAISES. Finalement, le basculement à gauche de grandes villes françaises comme Paris ou Lyon témoigne de l'augmentation des nouvelles classes tertiaires dont le vote massif à gauche souligne la volonté de distinction d'une ancienne bourgeoisie jugée rétrograde et réactionnaire. Logiquement, la ville de Marseille, en retard dans le mouvement de métropolisation, n'a pas, ou pas encore, connu cette évolution.

> *[Les bobos] ont contribué […] à l'embourgeoisement de la ville et préparé l'éviction à terme des populations les plus pauvres.*
>
> J.-P. LÉVY, « LES BOBOS INVESTISSENT LA BANLIEUE ROUGE DE PARIS », *LE MONDE*, 30 MAI 2004.

LES ÉTRANGERS AU CENTRE DES MÉTROPOLES

Alors que les couches populaires quittent les grandes agglomérations, les populations étrangères récemment arrivées progressent. Ce mouvement rompt avec l'implantation traditionnelle des étrangers dans les zones frontalières et industrielles. L'arrivée d'une population sans formation au cœur d'un marché de l'emploi métropolitain très qualifié et où le taux de chômage est déjà élevé, provoque mécaniquement des difficultés d'insertion. La position centrale des étrangers est double : d'un point de vue géographique mais aussi politique.

ACTIF/INACTIF

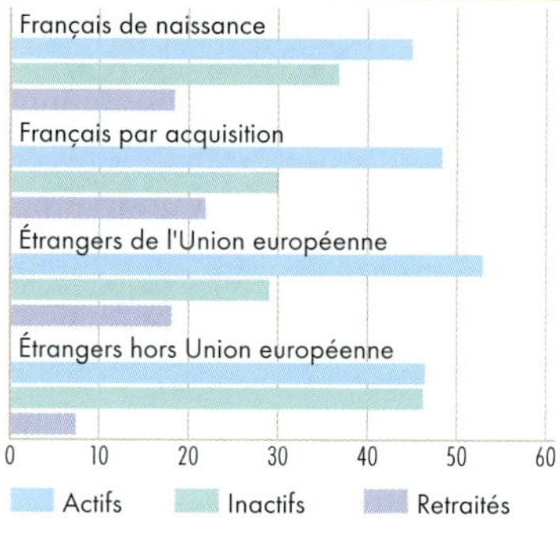

En % de la population totale Source : Insee - RGP 1999

> ***Au moment où la gauche cessait de prendre en charge la condition ouvrière, elle [...] suscitait chez les ouvriers un immense sentiment [...] de « lâchage » au profit des « immigrés ».***
>
> **O. Schwartz, *Le Monde*, 6 mars 2001.**

TAUX DE CHÔMAGE

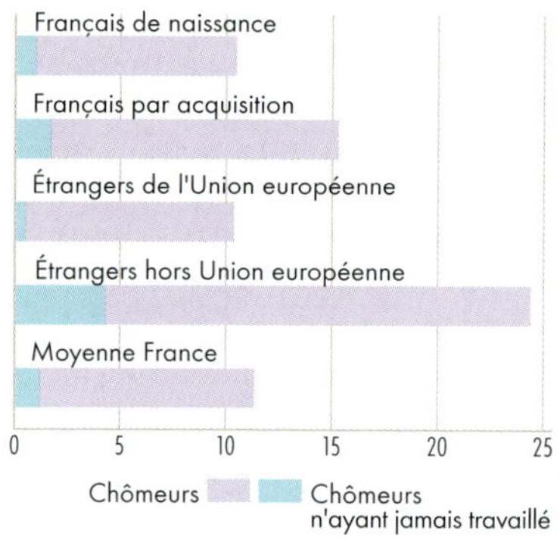

En % de la population active Source : Insee - RGP 19

La question de l'emploi

Dans les centres, beaucoup d'emplois peu qualifiés sont occupés par des diplômés, c'est un des effets indirects de la concentration des jeunes en formation dans les villes. Dans ce contexte, les immigrés, le plus souvent sans qualification, sont exclus, d'autant que les métiers traditionnels de l'industrie ont déserté les villes. Les taux de chômage illustrent de façon frappante ces difficultés d'insertion : un actif sur quatre parmi les étrangers qui ne viennent pas de l'Union européenne est chômeur.

La composition démographique de l'immigration a aussi changé. Si, dans les années 1960, les immigrés étaient principalement de jeunes hommes travailleurs, aujourd'hui ce sont pour la moitié des femmes et des enfants. C'est le résultat des politiques de regroupement familial.

LES OUVRIERS

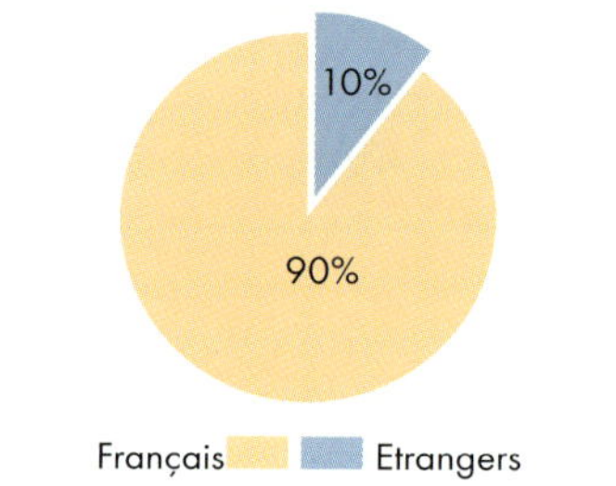

En % de la population active ouvrière

Source : INSEE - RGP 1999

Une présence centrale qui occulte la question sociale

Contrairement aux couches populaires, les étrangers se concentrent majoritairement dans les centres des grandes métropoles. Ces dynamiques contradictoires accompagnent – et symbolisent – la quasi-disparition culturelle de la « question ouvrière » et son remplacement par une « question immigrée » omniprésente. Pourtant les étrangers ne représentent qu'un ouvrier sur dix.

LA QUESTION SOCIALE. Si la cohabitation dans les centres des couches immigrées précarisées et des couches privilégiées n'explique pas seule cette évolution, elle contribue à entretenir la confusion. Les catégories supérieures des centres, qui sont aussi celles qui fabriquent les discours médiatique et politique, tendent en effet à réduire les couches populaires aux seuls étrangers. La question sociale est ainsi évacuée au profit d'une question culturelle qui masque la réalité du conflit de classes.

La surmédiatisation des quartiers difficiles ou le faux débat de l'intégration des jeunes permettent ainsi aux catégories qui bénéficient le plus du système de conforter leur domination.

LA RÉPARTITION DES ÉTRANGERS

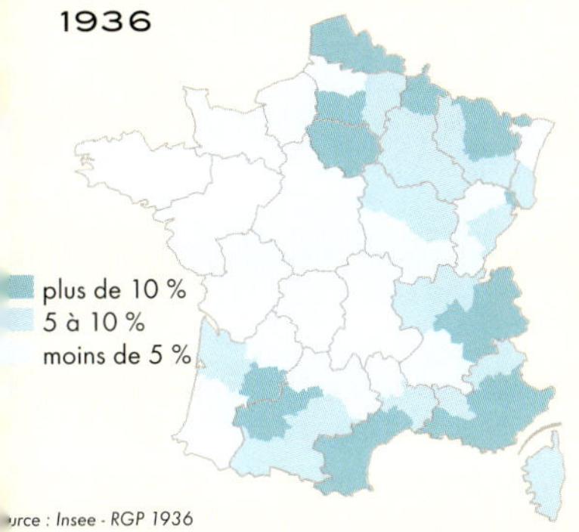

urce : Insee - RGP 1936

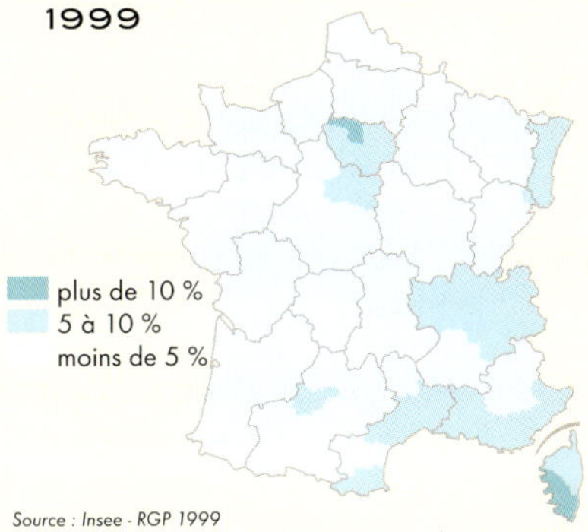

Source : Insee - RGP 1999

Des périphéries aux centres

La répartition de la population étrangère s'est profondément modifiée depuis le début du siècle.

Une mutation historique. En 1936, les étrangers sont fortement concentrés dans les zones frontalières : dans le Nord et à l'Est où ils travaillent dans les mines et les industries textiles et métallurgiques, dans le Sud-Ouest avec le travail dans les exploitations agricoles et, enfin, dans le Sud-Est dans les zones portuaires. À cette époque, moins de 20 % des étrangers vivant en France résident en Île-de-France. Aujourd'hui, les étrangers résident principalement dans les grands pôles urbains, en particulier dans l'agglomération parisienne, qui en accueille à elle seule 40 %.

Habitat précaire et protection sociale. Si l'implantation dans les centres offre un haut niveau de protection sociale, elle ne permet pas un accès aisé au logement. Les étrangers se concentrent dans les régions où l'offre de logement social tend à se raréfier et où les listes d'attente sont les plus longues. Cette situation entraîne une explosion de l'habitat précaire (meublés, constructions provisoires, squats). Le nombre de ménages vivant dans un habitat précaire est ainsi passé de 500 000 à plus de 715 000 entre 1990 et 1999.

LES ÉTRANGERS EN ÎLE-DE-FRANCE

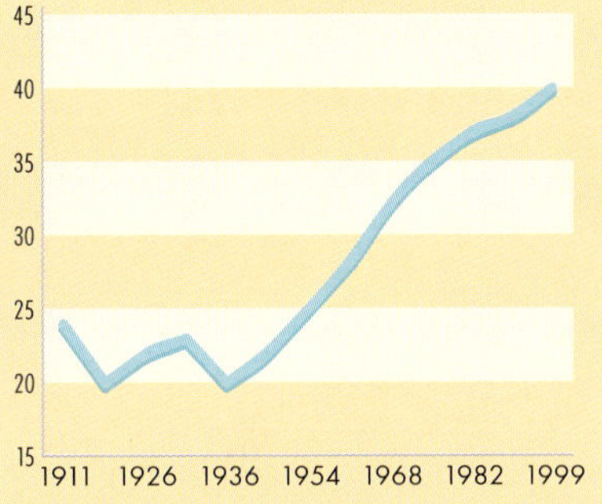

En % de la population étrangère vivant en France

Source : Insee - RGP 1999

QUESTION DE DÉFINITION

Étrangers et immigrés

Sont étrangères les personnes n'ayant pas la nationalité française. La notion d'« immigré » est liée au lieu de naissance. Est immigrée toute personne vivant en France, née à l'étranger. On peut être immigré et français, par acquisition de la nationalité. Au recensement de 1999, on dénombre 4,3 millions d'immigrés (dont 2,75 millions d'étrangers) et 3,25 millions d'étrangers (dont 0,5 million nés en France).

DES RÉPARTITIONS QUI DIFFÈRENT SELON LES NATIONALITÉS

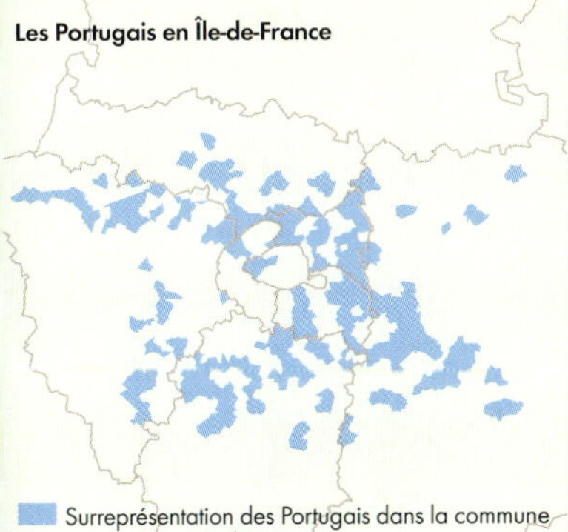

Source : d'après Atlas des Franciliens - IAURIF 2000

La répartition des Portugais et des Maliens illustre les contrastes importants de répartition selon les nationalités. Les Portugais, dont l'immigration est déjà ancienne, sont dispersés et principalement situés en périphérie. À l'inverse, les Maliens, dont l'immigration est plus récente, se concentrent sur quelques arrondissements du nord-est de Paris et des communes de la Seine-Saint-Denis, donc une situation très centrale liée à celle du parc inconfortable et du logement social.

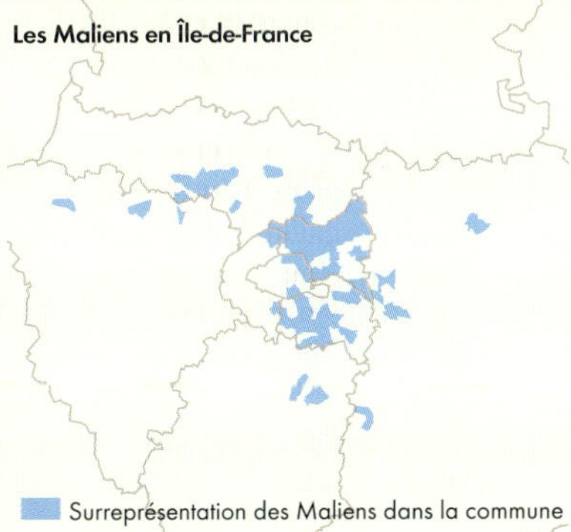

Source : d'après Atlas des Franciliens - IAURIF 2000

LA CRISE DE L'ÉCOLE PUBLIQUE

Les inégalités socioculturelles s'accentuent dans les centres des grandes métropoles. Les pratiques d'évitement, de contournement de la carte scolaire se renforcent, tout comme l'augmentation du nombre d'élèves scolarisés dans l'enseignement privé. Cette évolution est particulièrement visible dans les anciens quartiers populaires qui s'embourgeoisent, où la distance socioculturelle entre nouveaux venus et anciens habitants est la plus forte. Si les couches supérieures mettent en avant un discours de « mixité sociale », ce sont aussi celles qui pratiquent le plus la mise à distance scolaire.

RÉUSSITE AU BAC

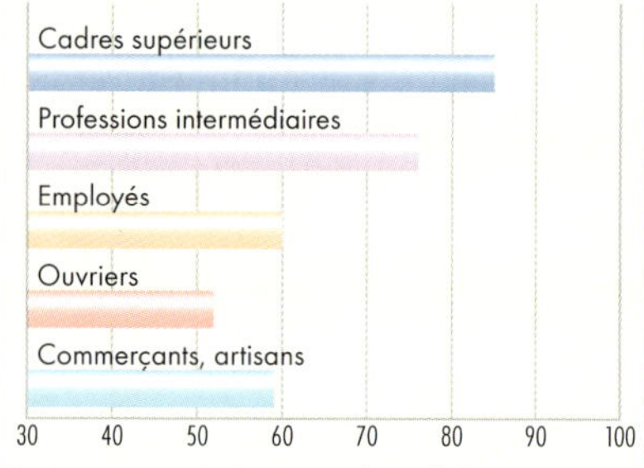

Entrés en 6e en 1989 et ayant obtenu le bac en 2001

En % des enfants

Source : ministère de l'Éducation nationale 2002

ACCÈS AUX GRANDES ÉCOLES

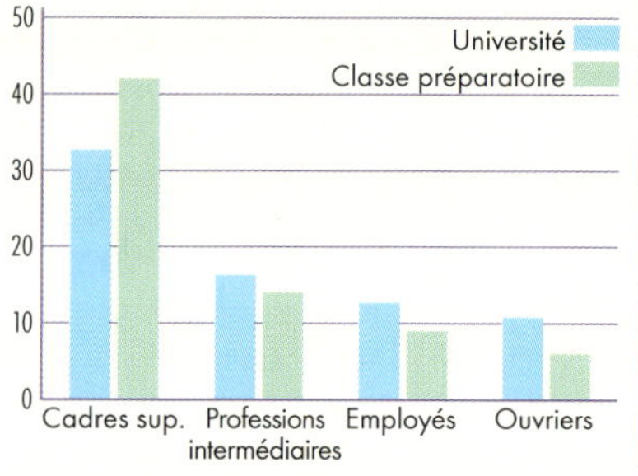

Origine sociale des étudiants universitaires

En % des étudiants

Source : ministère de l'Éducation nationale 2002

Le passage d'un taux de bacheliers de 30 % d'une classe d'âge en 1985 à 62 % aujourd'hui illustre l'ouverture de l'enseignement à un éventail plus large de la population. Ce processus, dont les couches populaires ont bénéficié en priorité, n'a pas réduit les inégalités et s'inscrit dans une logique ségrégative forte.

Les catégories populaires renforcent leurs positions dans les filières professionnelles mais pas dans les filières les plus cotées, comme les sections scientifiques.

La tendance est encore plus forte dans les grandes écoles, qui n'ont cessé de s'embourgeoiser et qui accueillent moins les couches populaires aujourd'hui que dans les années 1960.

Depuis 1995, le taux de bacheliers stagne autour de 62 %.

La mobilité reste donc très limitée : 40 % des enfants d'ouvriers sont ouvriers, seulement 10 % deviennent cadres supérieurs.

QUE DEVIENNENT LES ENFANTS DE

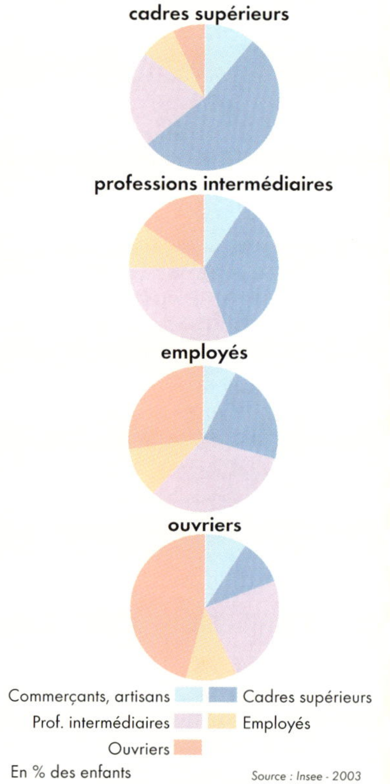

En % des enfants

Source : Insee - 2003

Une mixité sociale ambiguë

En juin 1999, le ministère de l'Équipement publiait les résultats d'un sondage qui montrait que la forte demande de « mixité sociale » émanait des catégories supérieures de la population et des habitants des communes riches, tandis que les classes populaires et les habitants de communes pauvres ne jugeaient pas cette mixité prioritaire. Ce sont donc les catégories qui pratiquent le plus l'évitement et le grégarisme social qui affichent aussi le plus la nécessité d'une meilleure mixité.

Ce constat révèle les non-dits qui entourent la question de l'évitement social en France. Revendiquant majoritairement un idéal républicain, les catégories les plus aisées et les plus éduquées de la population n'affichent que rarement leur désir de séparation. L'analyse des choix scolaire et résidentiel des catégories supérieures confirme pourtant une tendance à l'évitement ou à la séparation.

> « *L'école plus longue est loin d'être un salut, le poids des différences culturelles restant très prégnant dans les filières scolaires.* »
>
> **STÉPHANE BEAUD, *80 % AU BAC, ET APRÈS ?*, LA DÉCOUVERTE, 2003.**

Associations de parents d'élèves

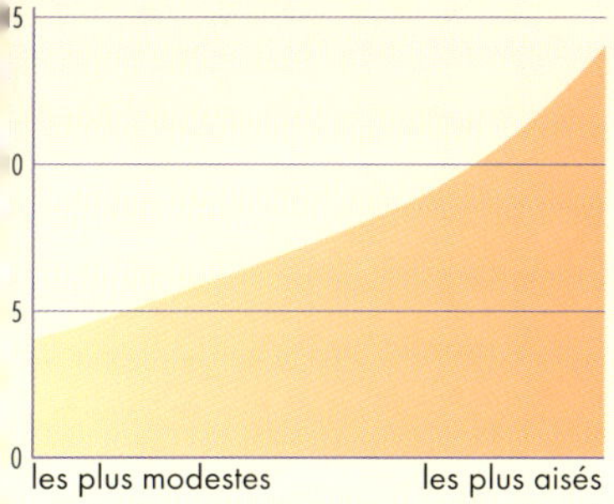

En % des ménages en fonction des revenus

Source : Credoc - 2001

La carte scolaire, ses contraintes et le choix des familles

Pour pouvoir choisir, il faut être informé. Les enfants des milieux populaires et d'une partie de la classe moyenne ne disposent pas de canaux d'information ni de moyens culturels ; ces enfants constituent une « population scolaire captive », contrainte d'accepter l'environnement scolaire le plus défavorable. D'un côté, enseignants, professions libérales et cadres usent de canaux d'informations multiples : enseignants, chefs d'établissement, parents d'élèves. De l'autre, les milieux populaires se contentent le plus souvent d'informations en provenance d'autres parents. Moins informés, ils disposent de peu d'atouts pour concrétiser un choix éventuel qui suppose des stratégies pour s'affranchir de la carte scolaire. Parmi ceux-ci, la demande d'inscription dans des sections rares ou des classes bilingues est très largement usitée.

Évitement scolaire : d'abord les enseignants, les cadres et les professions libérales

La carte scolaire. Pour la scolarité de leurs enfants, les professions libérales optent souvent pour le secteur privé, alors que les enseignants et les cadres sélectionnent prioritairement (mais pas exclusivement) le secteur public. Pour les familles populaires, le libre choix de l'école reste en fait très largement théorique.

Ce sont précisément les défenseurs de la République qui contournent le plus la carte scolaire. Un parent enseignant sur cinq choisit ainsi un établissement en dehors de son secteur d'attribution, contre un sur dix chez les parents d'autres catégories et seulement un parent sur vingt dans les ménages d'ouvriers et d'agriculteurs !

Être informé. Cette évolution contredit fortement le discours du ministère de l'Éducation nationale, selon lequel la scolarisation d'un élève moyen dans une école difficile (par exemple située en ZEP) n'entamerait en rien ses chances de réussite scolaire. Les instituteurs et les professeurs paraissent faire le constat inverse, puisqu'ils évitent massivement certains établissements. Ce sont ainsi les parents les mieux informés du niveau scolaire des établissements qui pratiquent le plus l'évitement ou, plus exactement, le contournement de la carte scolaire.

Vers des établissements ghettos ?

Évolution de la population du quartier

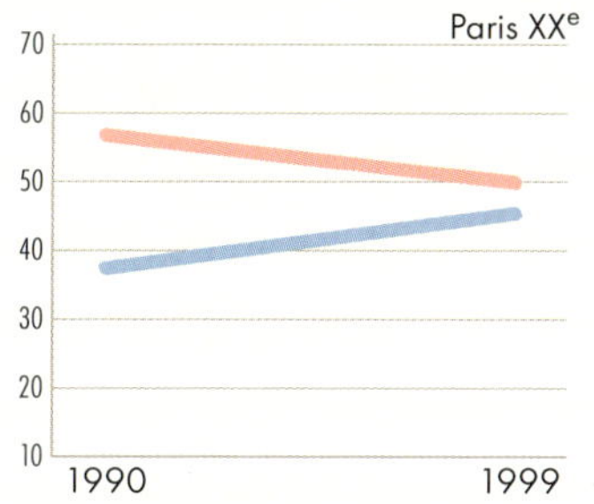

En % de la population du secteur

Dans les quartiers embourgeoisés des centres urbains, les difficultés s'accentuent : les collèges publics recrutent de plus en plus d'élèves des couches populaires défavorisées, alors que ces territoires connaissent au contraire une arrivée massive d'habitants des classes supérieures et moyennes. Parallèlement, les établissements privés consolident leur position.

Évolution de la population d'un collège du secteur

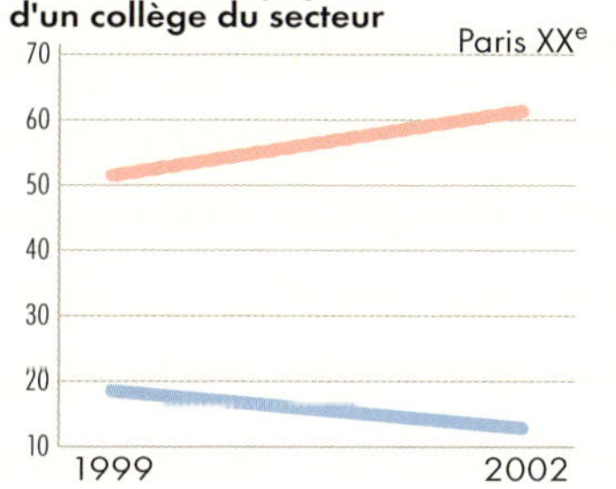

En % des catégories professionnelles des parents d'élèves

Employés et ouvriers

Cadres supérieurs et professions intermédiaires

Source : Rectorat de Paris/Insee 1999

QUESTION DE DÉFINITION
La carte scolaire et les établissements privés

L'inscription dans un établissement public d'enseignement est soumise au respect de la carte scolaire. Cette carte attribue à chaque adresse un établissement scolaire pour chaque niveau dans lequel l'inscription est obligatoire.
Seul le choix d'options (par exemple, l'enseignement de certaines langues vivantes) peut justifier une dérogation, pratique largement généralisée dans les classes supérieures pour éviter les établissements les plus précarisés. L'enseignement privé constitue une alternative. En France, l'État finance le salaire des enseignants en échange d'un engagement de l'établissement sur les programmes, c'est le privé sous contrat qui représente plus de 90 % de l'enseignement privé.
En 2002, 17 % des élèves sont scolarisés dans un établissement privé sous contrat.

Des centres prescripteurs

L'embourgeoisement des centres ne cesse de renforcer mécaniquement le poids politique et culturel de ces territoires qui regroupent les catégories les plus impliquées dans la sphère publique (partis, syndicats, associations). Ne sont en effet jamais négligées les aspirations économiques et sociales des couches supérieures : l'environnement, la place de l'automobile, la fiscalité, la mixité, le temps libre. La ville se pense prioritairement à partir des « territoires prescripteurs » que sont les centres. Quand elle est évoquée, la question sociale n'est abordée qu'à partir des revendications des catégories moyennes et supérieures du secteur public.

Les catégories qui dominent les élections

Les centres des villes rassemblent les catégories sociales qui votent le plus et participent le plus à la sphère publique : cadres supérieurs, professions intellectuelles et artistiques, salariés du secteur public, diplômés, plus de 40 ans et, enfin, ceux qui ont un emploi stable. Ce sont donc ces populations les mieux intégrées qui s'expriment dans le débat public et influencent les politiques des grands partis de droite et de gauche. Elles constituent le « socle démocratique » le plus actif mais sont déconnectées des aspirations de la majorité des Français. Cette situation s'accentue au rythme de la progression de l'abstention, qui touche surtout les périphéries. Aux élections européennes de 2004, une « élection sans le peuple », les électeurs des centres ont beaucoup plus voté que ceux des périphéries. Cette situation est analysée comme un clivage droite/gauche par les populations les mieux intégrées, un clivage factice qui en fait ne dit rien de la destructuration sociale.

PARTICIPATION AUX ÉLECTIONS

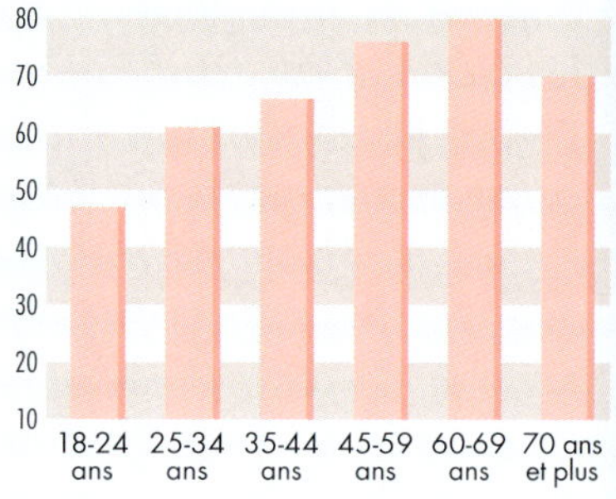

En %

Source : Ipsos - 2002

TAUX DE SYNDICALISATION

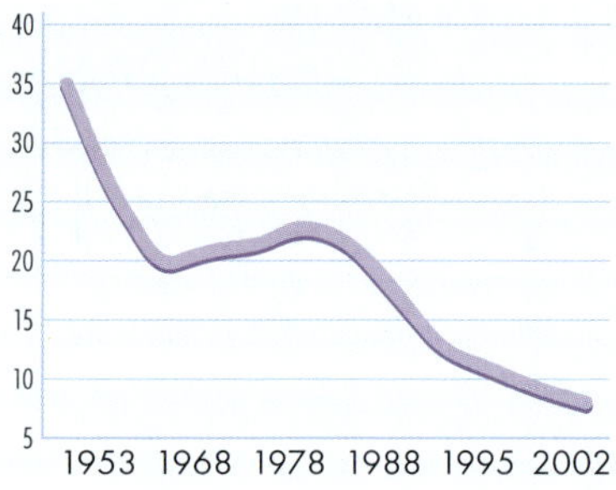

En % des salariés

Source : ministère du Travail

Le mouvement social : les classes moyennes et supérieures en bleu de travail

Syndicalisation. Entamée dans les années 1970, la baisse du taux de syndicalisation s'est notablement accélérée dans les années 1980, pour passer de 20 à 11 % entre 1981 et 1989 et se stabiliser autour de 10 % (5 % dans le privé, 20 % dans le public). Cette évolution touche en premier lieu les couches populaires, ouvriers et employés, qui sont aujourd'hui beaucoup moins syndiquées que les cadres. Le taux de syndicalisation s'accroît avec le niveau de revenu. Cette évolution confirme l'appropriation du mouvement social par les catégories favorisées, au détriment des couches modestes et précaires. En réalité, les salariés qui subissent le plus la dégradation de leurs conditions de vie et de travail sont aujourd'hui les moins représentés par le mouvement social.

Les mouvements sociaux. Il est d'ailleurs assez significatif de constater que les derniers mouvements sociaux ont mobilisé, d'une part, les enseignants pour la défense de leur retraite et, d'autre part, les chercheurs et les artistes pour leur statut. Professeurs, chercheurs et artistes, le nouveau visage de la contestation sociale ?

Quelle représentativité ? Cette surreprésentation des syndiqués de la fonction publique pose un véritable problème de lisibilité du mouvement social et de représentativité du monde du travail. Les fonctionnaires et autres agents du secteur public sont un peu moins de 5 millions. En face, on compte 16 millions de salariés du privé, dont une forte proportion de précaires et de travailleurs pauvres, 3 millions de chômeurs et 1 million de travailleurs indépendants. Autre conflit social récent : les intermittents du spectacle, qui sont à peine 100 000.

LE VOTE POUR LES PARTIS DE GOUVERNEMENT

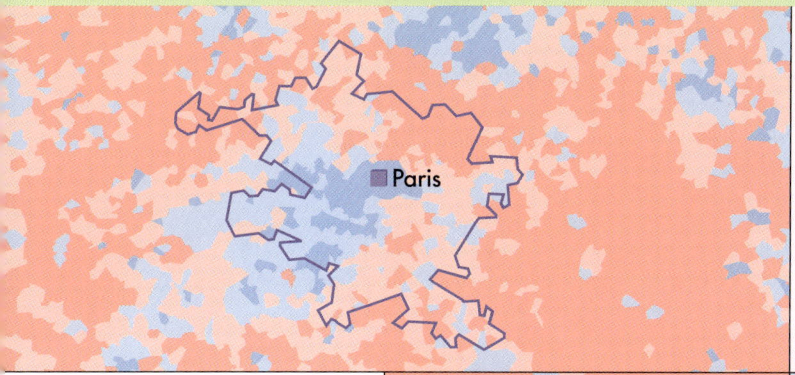

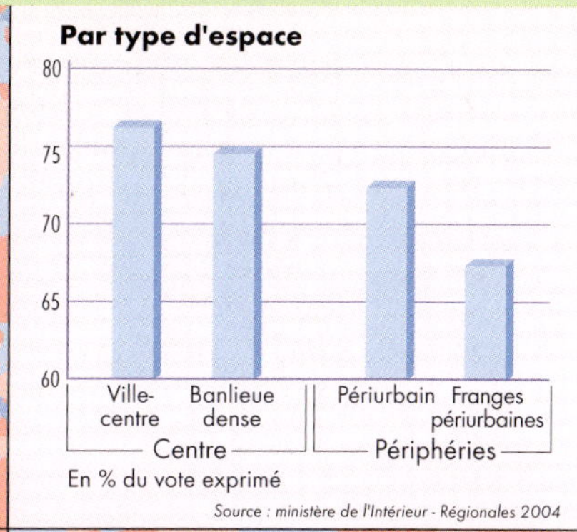

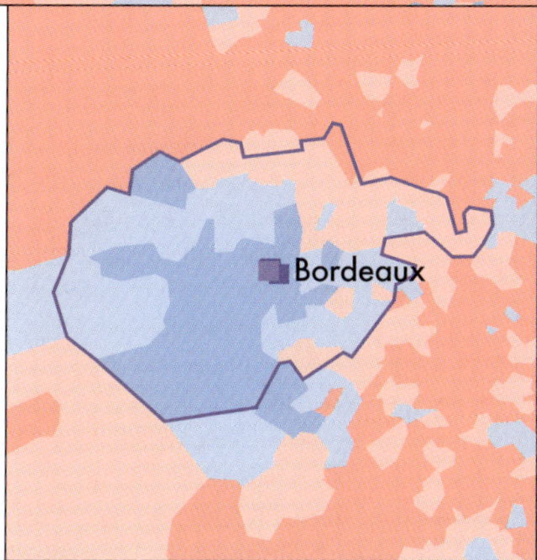

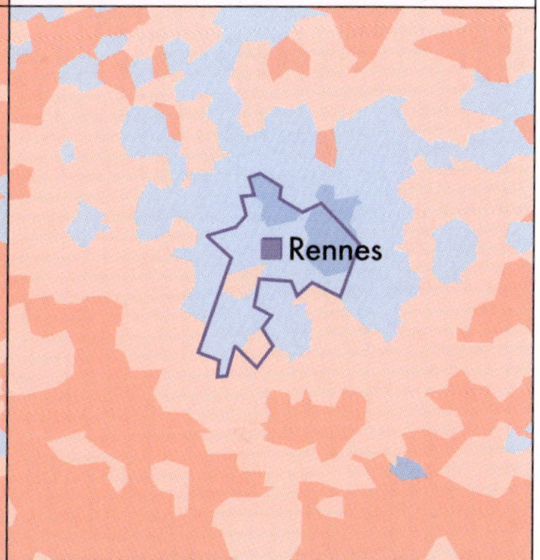

Parce qu'elles ont évacué la question sociale, les nouvelles couches supérieures déterminent de plus en plus leur positionnement politique sur des questions ayant trait à la qualité de la vie et au bien-être intellectuel. Le succès des Verts dans les grands centres urbains et notamment à Paris confirme l'intérêt grandissant des jeunes ménages urbains privilégiés. À l'exception de Marseille, tous les centres des grandes métropoles sont concernés. L'électorat des Verts est ainsi surreprésenté à Paris, Lyon, Lille, Nantes, Grenoble, Bordeaux, Toulouse, Aix-en-Provence, Montpellier et Rennes. Dans l'ensemble des grandes métropoles, la géographie du vote pour les partis de gouvernement, et en particulier pour les Verts, décroît de la ville-centre aux périphéries.

LES PERSONNES DÉCLARANT PARTICIPER À UN SYNDICAT

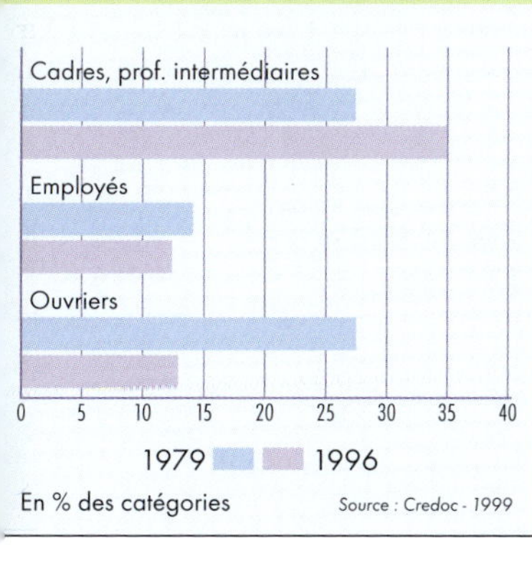

« ***Les tenants de la contestation ne sont pas, en priorité, les salariés touchés par les fermetures d'usines.*** »
EMMANUEL TODD, *LE MONDE*, 11 JUILLET 2001.

Des périphéries aphones

Reléguées spatialement, les couches populaires sont aussi de plus en plus en retrait de la sphère publique. De moins en moins syndiquées, participant peu à la vie associative, ces catégories sont aussi celles qui votent le moins. Majoritaires dans le corps électoral, elles n'influencent plus de façon déterminante la constitution des majorités politiques. En conséquence, les partis de gouvernement ne répondent que très rarement à leurs aspirations et sont au contraire confortés dans des orientations économiques et sociales dont les classes populaires sont les premières victimes.

Corps électoral et majorité

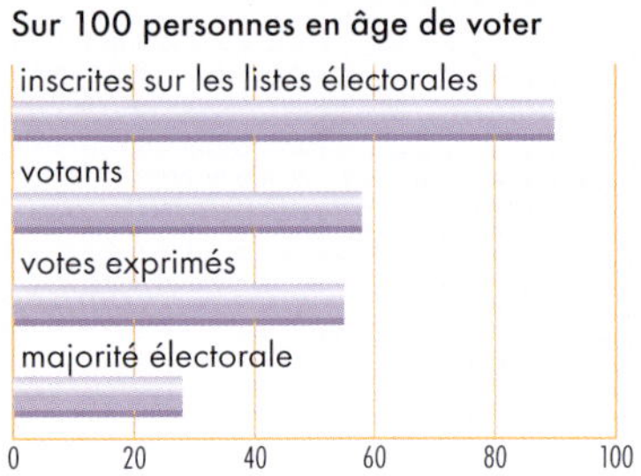

Source : calcul d'après ministère de l'Intérieur, Ipsos et rapport du Sénat

Du corps électoral à la majorité

Il suffit de 28% du corps électoral pour faire une majorité. La non-inscription sur les listes électorales, l'abstention et le vote blanc ou nul sont les trois étapes qui pèsent sur la légitimité des majorités. Évaluée à 10 % des personnes en âge de voter, la non-inscription est particulièrement développée chez les jeunes issus des classes populaires. L'abstention, variable selon les scrutins, généralement faible au deuxième tour des élections présidentielles et aux élections municipales, dépasse toutefois presque toujours les 35 %. Enfin, les votes blancs ou nuls comptent pour 58 % des votes exprimés. Au total, 28 % du corps électoral suffit pour obtenir une majorité, toute relative donc...

Ouvriers et employés sont les plus abstentionnistes. La non-participation au vote touche particulièrement les couches populaires. Ainsi, lorsque les ouvriers représentent le tiers des personnes en âge de voter, ils pèsent pour moins d'un quart des votes exprimés. C'est une logique de retrait de la sphère publique qui se traduit aussi par la moindre participation aux associations ou aux syndicats. L'écart qui sépare la participation des classes populaires de celle des couches aisés ne cesse de s'accentuer. Aux dernières élections européennes, les ouvriers se sont trois fois plus abstenus que les cadres.

Couches populaires : la procédure silence. Le mutisme médiatico-politique sur certains thèmes est à ce titre révélateur : l'exclusion des couches populaires et moyennes des centres-villes, la pénurie de logements sociaux, le renchérissement de l'immobilier, la paupérisation et la baisse du niveau de vie d'un nombre croissant de salariés. La question de la précarisation du salariat privé depuis vingt ans n'est pas une thématique centrale, ni pour les syndicats ni pour les partis.

Participation à la vie associative

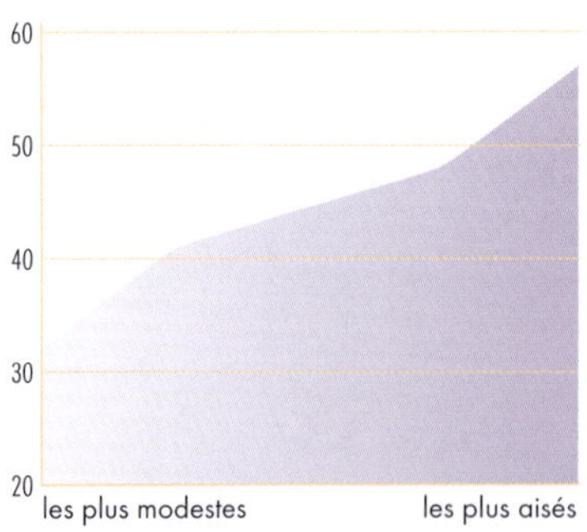

En % des ménages

Source : Credoc - 2002

> ***Dans cette campagne socialiste, on voit beaucoup de jeunes en pleine santé et de femmes belles et dynamiques, mais on cherche l'image d'un ouvrier.***
>
> **Pierre Mauroy, *Le Parisien*, 5 avril 2002.**

L'abstention

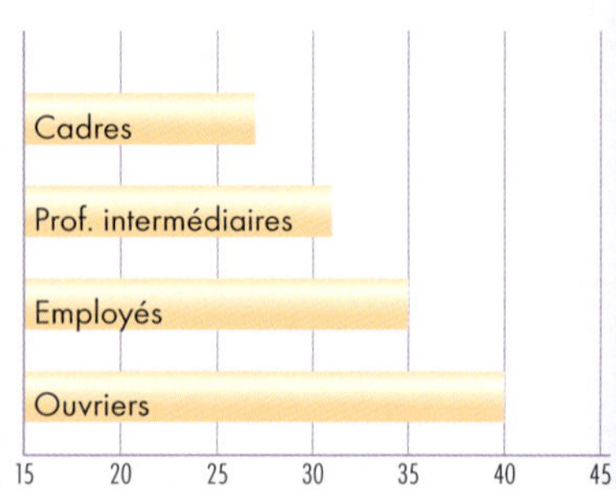

En % des inscrits

Source : Credoc - 2002

L'ABSTENTION AUX RÉGIONALES 2004

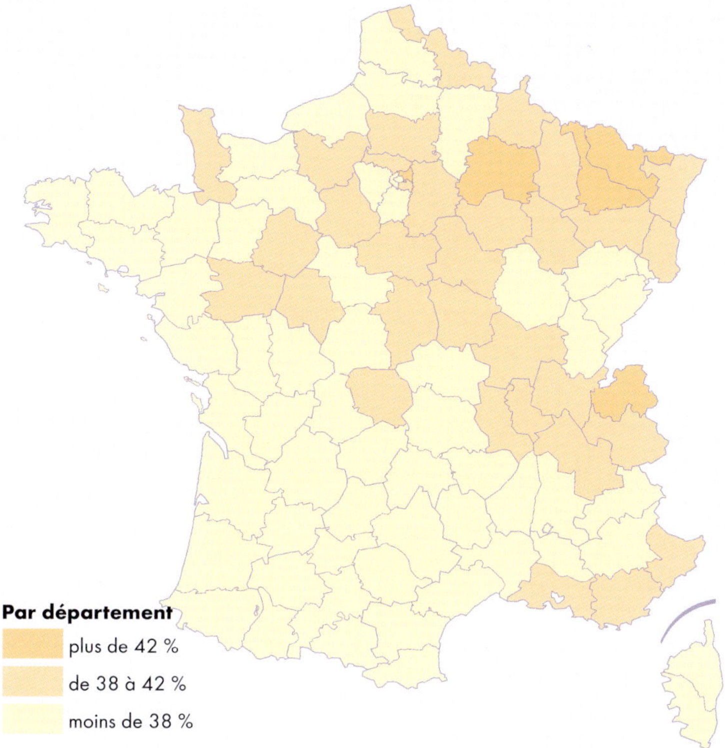

La carte de l'abstention fait traditionnellement apparaître les régions industrielles et les banlieues des grandes agglomérations, principalement la France urbaine et industrielle, à l'est de la ligne Le Havre/Marseille. Cela correspond, de fait, à l'implantation des ouvriers et aux secteurs dans lesquels ils sont les plus nombreux. Cette approche occulte les nouvelles dynamiques de l'abstention. La carte réalisée à l'échelle des cantons et qui représente l'abstention par rapport à la moyenne régionale offre une vision plus fine. Dans ce cas, on note une certaine diversité de situations liées aux territoires en mutation. Les banlieues denses ouvrières restent fortement abstentionnistes mais apparaissent aussi : le périurbain des grandes agglomérations, et, fait nouveau, les espaces ruraux les plus proches des métropoles et ceux dans lesquels les activités industrielles sont dominantes. Apparaissent aussi les régions où les mutations socio-urbaines sont les plus fortes, par exemple le littoral atlantique.

Les périphéries sous-équipées

Le sous-équipement garantit une plus faible fiscalité locale et conforte le rôle strictement résidentiel des communes des zones périurbaines ; mais il renforce dans le même temps la nécessité de se déplacer. Ainsi, il est très souvent difficile pour les femmes de conserver leur emploi : moins de 3 % des communes des zones périurbaines ont une crèche, un quart seulement une école maternelle, moins de la moitié un commerce d'alimentation générale.

Ce sous-équipement peut aussi en partie expliquer la faiblesse des pratiques culturelles : en 2000, 50 % des employés et 70 % des ouvriers ne sont pas allés au cinéma au cours des douze derniers mois ; cette proportion est respectivement de 66 et 73 % pour la visite d'un musée ou d'une exposition, et de 75 et 86 % pour une pièce de théâtre ou un concert...

Si l'éloignement ne peut à lui seul expliquer ce retrait de la sphère culturelle, il y contribue certainement.

LES DYNAMIQUES DE L'ABSTENTION

ÉLECTIONS RÉGIONALES 2004

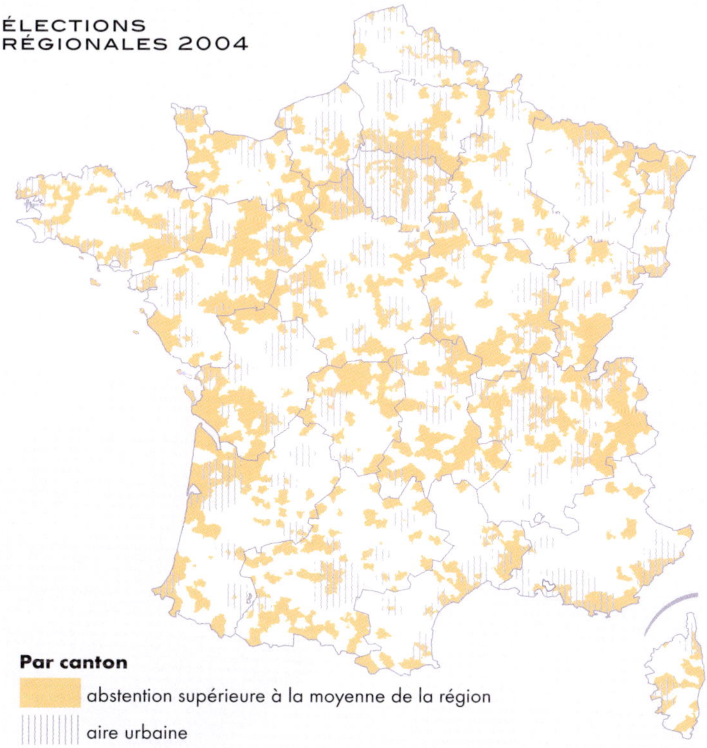

Source : ministère de l'Intérieur - juin 2004

DES PÉRIPHÉRIES AU BORD DE LA RUPTURE

Les régions ouvrières, périurbaines et rurales sont « travaillées » depuis près de vingt ans par un vote de protestation contre le système avec des partis extrémistes comme Lutte ouvrière parfois et le Front national souvent. Si on ne peut préjuger de leur avenir politique, on peut en revanche affirmer que le défaut d'intégration sociale accélère le développement d'une véritable contre-culture : refus de la mondialisation, absence de participations aux scrutins européens, repli sur les sphères privées. Les couches populaires basculent d'une culture collective qui favorisait l'intégration sociale à un individualisme contraint.

Partis extrêmes et partis de gouvernement

La composition du vote en fonction des catégories socioprofessionnelles s'explique plus par l'opposition entre partis de gouvernement et partis extrêmes que par la traditionnelle confrontation droite-gauche.

LES CADRES ET LES OUVRIERS. En effet, aujourd'hui le vote des cadres se partage pour moitié entre parti de gouvernement droite et gauche avec seulement 17 % pour les extrêmes. À l'inverse, les classes populaires se caractérisent par un vote massivement porté sur les partis extrêmes : 37 % pour les employés et 49 % pour les ouvriers. Les couches populaires, notamment les ouvriers, sont celles qui votent le plus pour le Front national, ce parti recueillant depuis 1995 la plus grande part du vote ouvrier, alors que les cadres votent pour plus de la moitié pour la gauche. Aux élections présidentielles de 2002, plus d'un tiers des ouvriers ont voté pour l'extrême droite.

LES PROFESSIONS INTERMÉDIAIRES. On notera l'importance nouvelle du vote extrême dans les professions intermédiaires, qui révèle les inquiétudes de la classe moyenne face aux risques de déclassement. Ce vote rassemble 30 % de cette catégorie et se partage de manière égale entre gauche et droite.

LES CHÔMEURS. Emblématique, le vote des chômeurs montre la capacité du Front national à capter le vote des perdants de la mondialisation : l'extrême droite recueillant 40 % de leurs suffrages, contre seulement 7 % à l'extrême gauche. D'une manière générale, les thématiques développées par les extrêmes sont complémentaires car elles recouvrent toutes les préoccupations des classes populaires : précarité, chômage, perte de garantie ou faible niveau de salaire, immigration, insécurité, etc.

DES COMPORTEMENTS DE CLASSE. Ce comportement de classe d'un nouveau genre, qui révèle le refus de la mondialisation et le sentiment d'exclusion des couches populaires, s'illustre aussi dans la montée de l'abstention, et la non-inscription, qui touche prioritairement les salariés modestes et/ou précaires du secteur privé, les chômeurs et les non-diplômés (voir p. 56-57).

LA SOCIOLOGIE DU VOTE

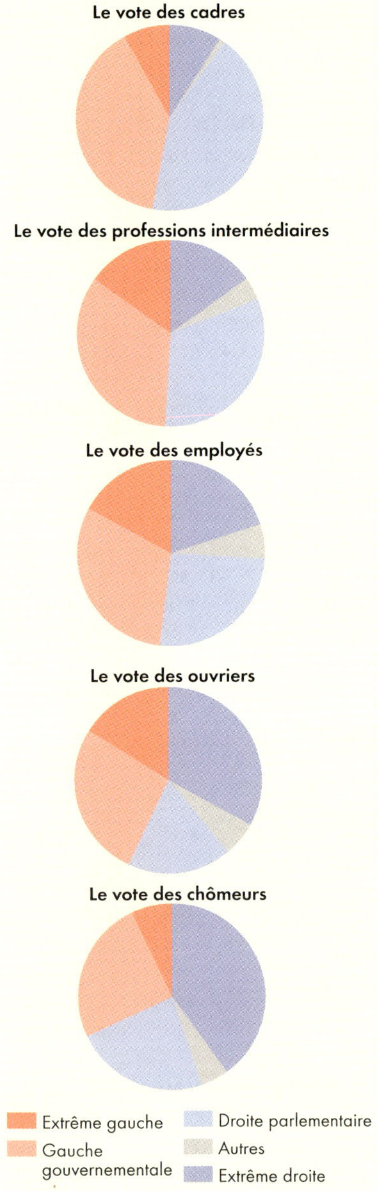

En % du vote exprimé

Source : Ipsos - 2002

> *« Le Front national pourrait jouer le rôle de structuration populaire laissé vacant par le PCF. »*
>
> LOUIS CHAUVEL, « LA SOCIÉTÉ FRANÇAISE ET SES FRACTURES », *CAHIERS FRANÇAIS* N° 314, MAI-JUIN 2003.

LE VOTE FN EN ÎLE-DE-FRANC

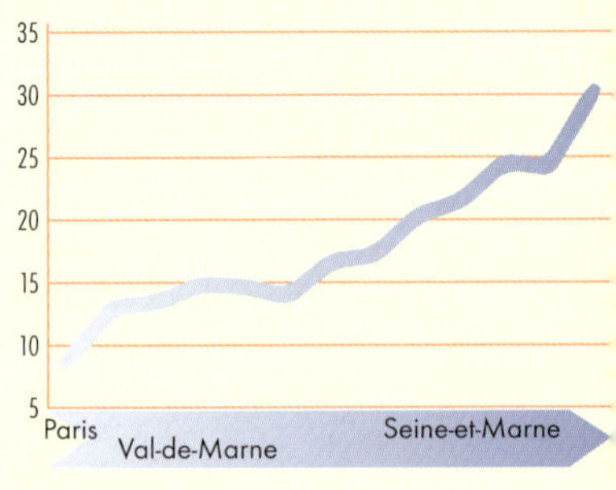

En % du vote exprimé

Source : ministère de l'Intérieur - 2004

Le vote pour les partis extrêmes

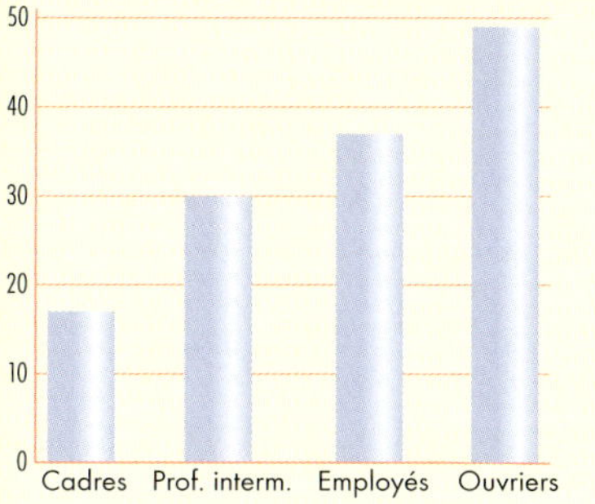

En % des catégories concernées

Source : Ipsos - 2002

De Maastricht au vote FN

Seuls 24 % des ouvriers, contre 60 % des cadres, ont participé aux élections européennes de juin 2004. En 1992, plus de 65 % d'ouvriers votaient « non » à Maastricht, quand 70 % des cadres approuvaient le traité de l'Union européenne. La forte abstention des couches populaires traduit moins un désintérêt qu'une opposition aux logiques de mondialisation. Perdantes de la globalisation économique, exclues du mouvement social et du processus d'ascension sociale, les couches populaires se retranchent sur une position identitaire et antisystème. Pour mémoire, le 21 avril 2002, la forte mobilisation des ouvriers (71 %) propulsait le Front national au deuxième tour des élections présidentielles.

Le vote des périphéries. La carte des cantons votant le plus pour le FN par rapport à la moyenne régionale révèle la logique périphérique du vote frontiste, quelles que soient les régions. De Nantes à Strasbourg, de Lille à Marseille, le vote frontiste émerge prioritairement sur les franges périurbaines et rurales proches des grandes métropoles.

Un clivage durable. L'idée selon laquelle des électeurs perdus dans des votes extrêmes pourraient réintégrer à terme le giron des grands partis semble de moins en moins probable. En réalité, le vote extrême (FN, LO) constitue bien le dernier pallier démocratique avant l'abstention et une mise à l'écart volontaire – et définitive – des milieux populaires. Ces comportements électoraux révèlent une nouvelle identité politique et culturelle des milieux populaires, qui se construit aussi sur le sentiment de relégation spatiale.

Quelle identité culturelle ? Relégués socialement mais structurés politiquement (autour du Parti communiste), les quartiers populaires ont toujours gardé une forte identité culturelle. Le Parti communiste, véritable animateur de la vie populaire, avait investi tous les champs culturels et sociaux : des luttes dans le travail aux dispensaires, colonies de vacances, culture, sport, etc. Rien de tel aujourd'hui, les territoires de la relégation sont au contraire ceux d'une société désintégrée. Devenues aphones, les régions ouvrières, périurbaines et rurales sont aussi celles du développement d'une véritable « contre-culture » sans visibilité. Le réinvestissement sur une sphère du privé (logement, relations proches) et la forte opposition aux mutations économiques et sociales en cours constituent le ferment d'une nouvelle culture populaire.

Le vote Front national

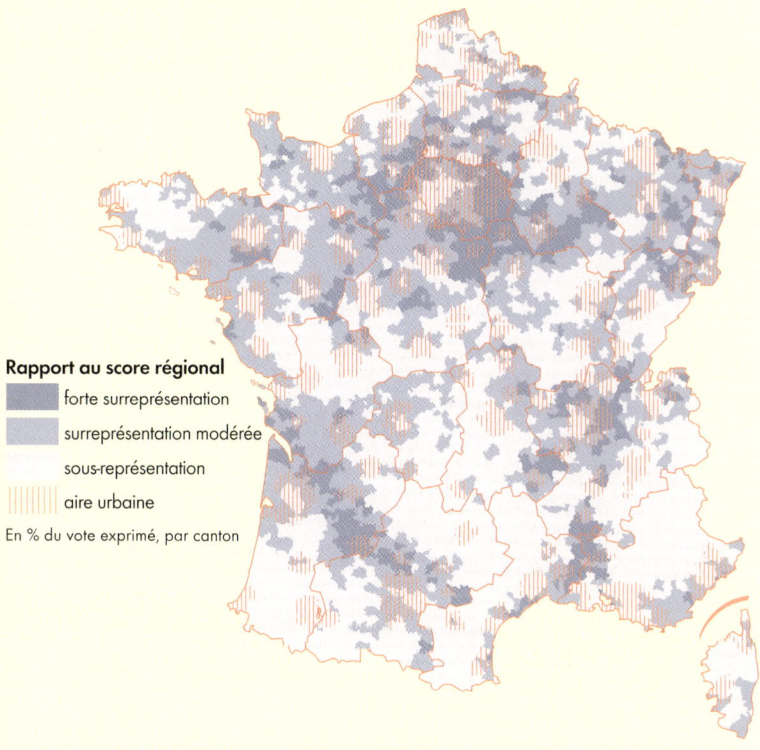

Source : ministère de l'Intérieur - Régionales 2004

Des luttes en dehors du système

La France des « plans sociaux » est aujourd'hui celle des périphéries urbaines ou rurales. De Romorantin à Alençon, de Boulogne-sur-Mer à Givet, de Trémorel à Longwy, ce sont les zones industrielles ou rurales des périphéries qui subissent en priorité la précarisation de l'emploi et le chômage. Ces vagues de licenciement ont entraîné partout des réactions violentes des travailleurs. Les uns menaçant de provoquer une catastrophe écologique, les autres de faire exploser des fûts de gaz ou encore de voter pour le Front national. Peu ou pas syndiqués, politiquement inexistant, ces travailleurs n'ont d'autre choix que la radicalisation. La question est de savoir combien de temps encore les couches populaires respecteront un système qui les désavoue un peu plus chaque jour ?

CONCLUSION

DES CENTRES AUX PÉRIPHÉRIES URBAINES ET RURALES, les nouvelles dynamiques de la ségrégation territoriale illustrent la séparation entre perdants et gagnants de la mondialisation. Les centres, avant-postes de l'économie mondiale, s'enrichissent. Ils prennent de la valeur et seules les catégories les plus aisées peuvent s'y maintenir. Résultat : l'éviction des classes populaires, rejetées dans des périphéries de plus en plus lointaines. Ce mouvement révèle une société française beaucoup plus soumise à des logiques de classes que ne le laissent supposer les discours euphémisants sur la mixité sociale ou l'exclusion. En focalisant le discours politique sur la grande pauvreté et l'exclusion, on sous-entend que la majorité appartient à un vaste ensemble intégré et moyen. En réalité, la moitié des ménages se partage 20 % des richesses produites, tandis que les 10 % de ménages les plus aisés se partagent 30 % de la richesse.

CETTE FRANCE POPULAIRE, reléguée dans les périphéries, est la grande oubliée du discours politique. Cette ségrégation spatiale est renforcée par l'assourdissant silence de la classe politique sur la question sociale. N'a-t-il pas fallu, lors des dernières élections présidentielles, qu'un haut responsable du parti socialiste rappelle que «ouvrier» n'est pas un terme grossier* ? L'ignorance du monde politique est aggravée par la mise en retrait des couches populaires de la sphère publique, dont l'abstention ou le vote extrême est l'illustration la plus visible.
Désabusées, les classes populaires se sont désinvesties des groupes, des partis et des syndicats qui structuraient leur vie sociale pour se replier sur le cercle plus restreint du logement et de la famille... De ce fait, l'échange politique, édulcoré, se cantonne aux débats de société.

ON NE SORTIRA DE CETTE IMPASSE qu'à la condition de répondre à la question essentielle de la place des couches populaires dans une société postindustrielle et mondialisée. Pour cela, partis, syndicats mais aussi associations et médias, doivent s'emparer d'urgence de sujets largement occultés, au rang desquels on peut citer la précarisation des salariés modestes du secteur privé, la survalorisation foncière comme moteur des ségrégations ou la fin de la promotion sociale par l'école pour les couches populaires.
Ces thématiques ne pourront cependant être portées que si les couches populaires arrivent à retisser un lien avec un mouvement social aujourd'hui déconnecté de la réalité.

* Pierre Mauroy, le 20 mars 2002.

Repères

Les aires urbaines de plus de 150 000 habitants

Pour mettre en relief les phénomènes qui sont décrits dans cet atlas et faciliter la lecture, les cartes ne comportent pas de noms. La carte des 22 régions administratives et des aires urbaines de plus de 150 000 habitants offrent ici un outil de repérage.

Les 22 régions administratives

AGGLOMÉRATION. Réunion d'habitations. La délimitation d'une agglomération suppose de définir un seuil correspondant à la population et un autre correspondant à la distance entre les éléments bâtis. Pour l'Insee, l'agglomération doit comprendre au moins 2 000 habitants et les espaces bâtis ne doivent pas être séparés de plus de 200 mètres. Une agglomération peut comprendre plusieurs communes ; dans ce cas on distingue la « ville-centre » (commune la plus peuplée selon la terminologie de l'Insee) des banlieues.

AIRE URBAINE. *7*
Ensemble formé par une agglomération et ses périphéries, le périurbain. L'aire urbaine est donc formée de deux parties principales : le pôle urbain se caractérise par la continuité du bâti et comprend la ville-centre et ses banlieues ; le périurbain comprend l'ensemble des communes dont plus de 40 % des actifs vont travailler dans le pôle urbain.

BANLIEUE. Partie extérieure de la ville. Étymologiquement, il s'agit de la « lieue du ban », c'est-à-dire le territoire situé au-delà des murailles – la limite de la ville – sur laquelle s'exerçait le droit – le ban – de la ville. La banlieue fait toujours référence à un centre dont elle est dépendante. Le terme est utilisé en France pour qualifier la crise sociale de certains quartiers : la « crise des banlieues ». Mais tous les quartiers en crise ne sont pas en banlieue et toutes les banlieues ne sont pas en crise. La banlieue se distingue du périurbain par sa densité et la continuité avec les tissus urbains de la ville-centre.

BASSIN DE VIE. Ensemble de communes dans lesquelles la population fréquente majoritairement les mêmes pôles de services et d'équipements.

CATÉGORIES SOCIOPROFESSIONNELLES (CSP).
Nomenclature utilisée par l'Insee pour classer les actifs. Elle s'appuie sur les rapports de hiérarchie, le statut (indépendant ou salarié), l'autonomie et la position dans l'entreprise. Dans sa version la plus simple, elle comprend six catégories principales : les agriculteurs exploitants, les artisans et commerçants, les cadres et professions intellectuelles supérieures, les professions intermédiaires, les employés et les ouvriers. C'est la classification de l'Insee qui s'approche le plus de la notion, certes beaucoup plus complexe, de classe sociale utilisée en sociologie.

CENTRE. Point autour duquel s'organisent des phénomènes dans l'espace. Lieu caractérisé par une concentration d'activités économiques et de populations qui exercent une attractivité sur des espaces périphériques. La notion de centre se confond avec celle de pouvoir. Le centre-ville est généralement l'endroit le plus fréquenté de la ville, il peut être centre historique (concentration du patrimoine), centre des affaires (concentration des activités économiques décisionnelles), lieu de la concentration du pouvoir politique ou encore des lieux de loisirs... Le centre est l'élément dominant du couple qu'il forme avec la périphérie. Dans cet Atlas, on a défini le centre comme comprenant la ville-centre et sa banlieue dense, c'est-à-dire le pôle urbain tel que délimité par l'Insee.

CENTRIFUGE. Mouvement de ce qui s'éloigne du centre. Le desserrement, la périurbanisation, la décentralisation sont des mouvements centrifuges.

CENTRIPÈTE. Mouvement de ce qui se rapproche du centre. Les déplacements liés à l'emploi sont généralement centripètes.

EMBOURGEOISEMENT. Mouvement d'évolution sociale qui se traduit par l'augmentation des classes aisées au détriment des plus modestes (voir *Gentrification*).

GENTRIFICATION. *18-19, 48-49*
Terme anglo-saxon qui désigne le processus de réinvestissement des quartiers centraux dévalorisés et populaires par des catégories aisées. La gentrification implique rénovations ou réhabilitations qui aboutissent à un embourgeoisement.

MÉDIANE • MOYENNE. La médiane est la valeur qui sépare une population en deux groupes égaux : 50 % en dessous de la valeur et 50 % au-dessus. La moyenne est la somme des valeurs divisée par le nombre d'individus. Ces deux indicateurs de dispersion donnent des résultats différent sauf lorsque la distribution est parfaitement équilibrée.

MÉTROPOLE. Ville la plus importante d'une région ou d'un pays. La notion a été étendue à la nation (« une métropole et ses colonies »). Le terme de métropolisation recouvre le mouvement de concentration de richesses dans les plus grandes villes, qui s'observe tant à l'échelle internationale que nationale.

MÉGALOPOLE. Très grande ville. Le terme est surtout utilisé pour quelques régions du monde dans lesquelles les espaces urbains sont dominants et quasi continus : le nord-est des États-Unis, le sud de l'île d'Honshu au Japon, la partie médiane de l'Europe occidentale, de l'Angleterre au nord de l'Italie.

MÉGAPOLE. Grande ville. Bien que sa définitio reste vague, on peut considérer qu'elle doit compter plusieurs millions d'habitants.

MIGRATION. Déplacement dans l'espace. Les migrations peuvent être temporaires ou définitives, de courte ou longue distance, motivées par le travail, le logement, la recherche d'un meilleur cadre de vie. On tente généralement d'identifier les facteurs explicatifs de départ (*push*) et ceux de la destination (*pull*). Trois grands types de migrations sont étudiés en géographie : les migrations internationales qui se traduisent par le développement d'une population immigrée ; les migrations résidentielles dont les migrations de retraites font partie ; des migrations temporaires : alternantes pour les navettes quotidiennes entre emploi et résidence, ou saisonnières pour les vacances, par exemple.

MIXITÉ SOCIALE. *52-53*
Caractéristique des quartiers accueillant des populations socialement diverses. C'est surtout un objectif des politiques urbaines et du logement françaises comprenant la résorption des enclaves sociales dans la ville et visant à un meilleur équilibre du logement social dans les grandes agglomérations.

MOBILITÉ. *36-37, 52-53*
Changement de position. Le terme s'applique à plusieurs logiques. La mobilité sociale qualifie le changement de catégorie sociale d'un individu ou plus souvent d'un individu par rapport à ses parents. Professionnelle, elle décrit le changement de profession. Géographique, elle désigne un changement de lieu. Résidentielles (changement de lieu d'habitat), quotidiennes ou avec des navettes entre le lieu du travail et celui de la résidence, les mobilités génèrent des flux qui contribuent à structurer l'espace. Les mobilités résidentielles forment pour chaque individu ou ménage une trajectoire résidentielle qui se traduit à la fois en localisation et en statut : locataire, propriétaire, etc.

PÉRIPHÉRIE. Ce qui est extérieur et dominé par le centre.

PÉRIURBAIN. Ce qui est autour de la ville. On distingue généralement le périurbain des banlieues par la densité et la discontinuité. Les espaces périurbains sont des espaces moins denses qui s'apparentent dans la forme à l'espace rural mais vivent sous la domination de la ville, en particulier en raison de la localisation des emplois. C'est un espace d'urbanisation nouvelle. On a parfois utilisé le terme de « rurbanisation » par contraction de « rural » et « urbanisation ».

QUARTIER PRIORITAIRE. Terme générique pour nommer les quartiers bénéficiant des financements liés à la « politique de la ville ».

RÉHABILITATION. En urbanisme, opération consistant à nettoyer, ravaler, mettre aux normes les immeubles sans les détruire. La réhabilitation se distingue de la rénovation, plus radicale.

RENOUVELLEMENT URBAIN. Terme de politique urbaine recouvrant deux notions. D'abord la résorption des ghettos urbains par leur démolition et la reconstruction, avec comme objectif le rééquilibrage social du quartier. Ensuite, le développement des secteurs situés dans les espaces déjà urbanisés, par la reprise de friches industrielles par exemple, ou la densification pour lutter contre la périurbanisation.

RÉNOVATION. En urbanisme, opération radicale dans un quartier consistant à démolir l'essentiel des bâtiments pour reconstruire un nouveau quartier.

SÉGRÉGATION. *48-49*
Dynamique, mais aussi résultat, de la division de la société ou de l'espace en des entités distinctes. La ségrégation peut être un mouvement volontaire ; dans ce cas, on utilise le terme d'agrégation ou mouvement subi, c'est alors une logique d'exclusion. Les causes de la ségrégation sont multiples, mais le niveau des revenus et le prix des logements sont un des facteurs essentiels. D'autres termes sont utilisés pour évoquer ces distinctions spatiales : la stratification, la division, la spécialisation.

UNITÉ DE CONSOMMATION. *14, 30*
Indicateur permettant de tenir compte de la composition des ménages afin de faciliter les comparaisons, notamment en termes de revenus, selon un mode de calcul qui s'apparente à celui du quotient familial utilisé pour le calcul des impôts. Pour chaque ménage, on calcule le nombre d'unités de consommation, selon la règle suivante : 1 pour le premier actif ; 0,5 pour le suivant et les enfants de 14 ans ou plus ; 0,3 pour les enfants de moins de 14 ans.

URBAIN. Ce qui concerne la ville, ce qui est la ville. Cette notion a remplacé progressivement le terme de ville, qui renvoie à une image plus traditionnelle avec densité et concentration, alors que l'urbain est plus divers.

URBANISATION. Mouvement de concentration de la population dans les villes ou espaces urbains. En géographie, on étudie à la fois le processus et la forme (morphologie). La périurbanisation a donné un caractère original à l'urbanisation qui se développe aujourd'hui surtout hors des villes.

VILLE. Agglomération d'habitants qui se distingue de la campagne par sa densité, ses activités, ses richesses... La définition peut être simplement statistique ; en France, commune comptant plus de 2 000 habitants, mais cette approche est réductrice. La ville est historiquement le lieu de l'accumulation des richesses, de l'échange et du pouvoir, le territoire de l'innovation et de l'élaboration de la civilisation. Les mots synonymes de ville correspondent à des valeurs morales : urbanité, politesse, civilité... Ses fonctions la distinguent mieux de la campagne que les activités – agriculture, industrie, tertiaire – aujourd'hui trop diverses et dispersées. La géographie opposait traditionnellement ville et campagne, dichotomie de l'espace battue en brèche par la périurbanisation, la diffusion du mode de vie urbain, et la diversification des fonctions de l'espace rural.

ZUS. *32-33, 44-45*
Zone urbaine sensible. C'est la dénomination technique des quartiers qualifiés pour bénéficier des financements « politique de la ville ».

BIBLIOGRAPHIE

Ballain R. (sous la direction de), *L'État du mal-logement en France*, Fondation de l'Abbé Pierre, Paris, 2004.

Bidou-Zachariasen C. (sous la direction de), *Retours en ville*, Descartes et compagnie, Paris, 2003

Bihr A., Pfefferkorn R., *Déchiffrer les inégalités*, Syros, Paris, 1999.

Bouffartigue P. (sous la direction de), *Le Retour des classes sociales ; inégalités, domination, conflits*, La Dispute, État des lieux, Paris, 2004.

Burgel G. (sous la direction de), *La Ville fragmentée, villes en parallèle*, Laboratoire de géographie urbaine Paris X-Nanterre, 1989.

Castel R., *Les Métamorphoses de la question sociale*, Fayard, Paris, 1995.

Castel R., *L'Insécurité sociale*, Le Seuil, Paris, 2003.

Chauvel L., *Le Destin des générations*, PUF, Paris, 2002.

Déguignet J.-M., *Mémoires d'un paysan bas-breton*, Pocket, 2001.

Donzelot J. *et al.*, « Quand la ville se défait », *Esprit* n° 258, novembre 1999, Paris.

Donzelot J. *et al.*, « La ville à trois vitesses : gentrification, relégation, périurbanisation », *Esprit* n° 303, mars-avril 2004, Paris.

Fitoussi J.-P., Laurent E., Maurice J., *Ségrégation urbaine et intégration sociale*, La Documentation française, Paris, 2004.

Guilluy C., *Atlas des fractures françaises. Les fractures françaises dans la recomposition sociale et territoriale*, L'Harmattan, Paris, 2000.

Lacoste Y., *Paysages politiques*, Hachette, Paris, 1990.

Lacoste Y. (sous la direction de), « Géopolitique des grandes villes », *Hérodote* n° 101, 2001.

Observatoire national de la pauvreté et de l'exclusion sociale, *Rapport 2003-2004*, Paris, 2004.

Polge M. (sous la direction de), *Atlas de l'habitat privé*, Agence nationale pour l'amélioration de l'habitat, ministère de L'Équipement, du Logement, des Transports et de la Mer, Paris, 2004.

Sassen S., *La Ville globale*, Descartes et Cie (trad. de l'américain), 1996.

Todd E., *Le Destin des immigrés*, Le Seuil, Paris, 1994

Veltz P., *Mondialisation, villes et territoires. L'économie d'archipel*, PUF, Paris, 1996.

Wiel M., *La Transition urbaine ou le passage de la ville pédestre à la ville motorisée*, Mardaga, « Architecture et recherche », Paris, 1999.

SITES INTERNET

www.bip40.org : un site sur les inégalités sociales gérés par des chercheurs en sciences sociales.

www.inegalites.org : observatoire des inégalités.

www.insee.fr : les résultats du recensement et les publications de l'Insee.